제자훈련
소요리문답

교재

제자훈련 소요리문답 교재

초판 1쇄 인쇄 2024년 5월 22일
초판 1쇄 발행 2024년 5월 27일

지은이 ｜ 김태희
펴낸이 ｜ 이은수
펴낸곳 ｜ 도서출판 향기

등 록 ｜ 제325-2020-000007호
주 소 ｜ 부산광역시 중구 대청로 69-12
전 화 ｜ 051-256-4788
팩 스 ｜ 051-256-4688
이메일 ｜ onearoma@hanmail.net

디자인 ｜ 참디자인

ISBN 979-11-973080-8-6 (03230)

제자훈련

소요리 문답

교재

김태희 지음

도서출판 향음기

목차

제1과
사람의 첫째 되는 목적(제1문)

1. 하나님이 사람을 창조하신 목적은 무엇입니까?

> 사 43:21 이 백성은 내가 나를 위하여 지었나니
> 나를 찬송하게 하려 함이니라

2. 사람의 제일 되는 목적은 무엇입니까?

> 고전 10:31 그런즉 너희가 먹든지 마시든지 무엇
> 을 하든지 다 하나님의 영광을 위하여
> 하라

3. 하나님의 영광을 위해서 살아가는 사람에게는 어떤 특징이 있습니까?

> 벧전 1:8 예수를 너희가 보지 못하였으나 사랑하
> 는도다 이제도 보지 못하나 믿고 말할 수
> 없는 영광스러운 즐거움으로 기뻐하니

웨스트민스터 소요리문답

제1문	사람의 제일 되는 목적은 무엇입니까?
답	• 사람의 제일 되는 목적은 하나님을 영화롭게 하고, 하나님을 영원토록 즐거워하는 것입니다

오늘 공부를 통해 새롭게 알게 된 것은 무엇입니까?

함께 도전하기

오늘 공부를 통해 새롭게 결단한 것은 무엇입니까?

함께 기도하기

서로의 기도 제목을 나누어 봅시다.

제2과
하나님을 영화롭게 하는 법칙 (제2문)

1. 하나님을 영화롭게 하는 방법을 어디에서 찾을 수 있습니까?

_____

_____

_____

2. 왜 오직 성경에서만 하나님을 영화롭게 하는 방법을 찾을 수 있습니까?

> 딤후 3:16 모든 성경은 하나님의 감동으로 된 것
> 으로 교훈과 책망과 바르게 함과 의로
> 교육하기에 유익하니

_____

_____

_____

_____

_____

_____

_____

_____

3. 왜 성경을 보지 않고는 하나님을 영화롭게 하는 방법을 찾을 수 없습니까?

> 렘 17:9 만물보다 거짓되고 심히 부패한 것은 마
> 음이라 누가 능히 이를 알리요마는

제1문 하나님을 영화롭게 하고 즐거워하는 것을 지도하시려고, 하나님께서 우리에게 주신 법칙은 무엇입니까?

답 • 하나님을 영화롭게 하고 즐거워하는 것을 지도하시려고 하나님께서 우리에게 주신 유일한 법칙은 구약과 신약 성경에 기록된 하나님의 말씀입니다.

함께 나누기

오늘 공부를 통해 새롭게 알게 된 것은 무엇입니까?

함께 도전하기

오늘 공부를 통해 새롭게 결단한 것은 무엇입니까?

함께 기도하기

서로의 기도 제목을 나누어 봅시다.

제3과
성경이 주로 가르치는 것 (제3문)

1. 성경이 주로 가르치는 것은 몇 가지입니까?

2. 성경이 주로 가르치는 두 가지는 무엇입니까?

딤후 3:15 또 어려서부터 성경을 알았나니 성경은 능히 너로 하여금 그리스도 예수 안에 있는 믿음으로 말미암아 구원에 이르는 지혜가 있게 하느니라

미 6:8 사람아 주께서 선한 것이 무엇임을 네게 보이셨나니 여호와께서 네게 구하시는 것은 오직 정의를 행하며 인자를 사랑하며 겸손하게 네 하나님과 함께 행하는 것이 아니냐

웨스트민스터 소요리문답

제3문	성경이 가장 중요하게 가르치는 것은 무엇입니까?

답	• 성경이 가장 중요하게 가르치는 것은 사람이 하나님에 관하여 믿어야 할 바와 하나님께서 사람에게 요구하시는 의무입니다.

오늘 공부를 통해 새롭게 알게 된 것은 무엇입니까?

함께 도전하기

오늘 공부를 통해 새롭게 결단한 것은 무엇입니까?

함께 기도하기

서로의 기도 제목을 나누어 봅시다.

제4과
하나님의 속성 (제4문)

1. 하나님은 어떤 분이십니까?

> 요 4:24 하나님은 영이시니 예배하는 자가 영과 진리로 예배할지니라

2. 하나님은 어떤 신이십니까?

> 출 3:14 하나님이 모세에게 이르시되 나는 스스로 있는 자이니라 또 이르시되 너는 이스라엘 자손에게 이같이 이르기를 스스로 있는 자가 나를 너희에게 보내셨다 하라

> 시 147:5 우리 주는 위대하시며 능력이 많으시며 그의 지혜가 무궁하시도다

창 17:1 아브람이 구십구 세 때에 여호와께서 아브람에게 나타나서 그에게 이르시되 나는 전능한 하나님이라 너는 내 앞에서 행하여 완전하라

계 15:4 주여 누가 주의 이름을 두려워하지 아니하며 영화롭게 하지 아니하오리이까 오직 주만 거룩하시니이다 주의 의로우신 일이 나타났으매 만국이 와서 주께 경배하리이다 하더라

롬 3:26 곧 이 때에 자기의 의로우심을 나타내사 자기도 의로우시며 또한 예수 믿는 자를 의롭다 하려 하심이라

시 100:5 여호와는 선하시니 그의 인자하심이 영
원하고 그의 성실하심이 대대에 이르리
로다

시 107:8 여호와의 인자하심과 인생에게 행하신
기적으로 말미암아 그를 찬송할지로다

시 86:15 그러나 주여 주는 긍휼히 여기시며 은혜
를 베푸시며 노하기를 더디하시며 인자
와 진실이 풍성하신 하나님이시오니

3. 하나님의 존재와 지혜와 능력과 거룩과 공의와 선하심과 진실하심은 어떠합니까?

시 145:3 여호와는 위대하시니 크게 찬양할 것이라 그의 위대하심을 측량하지 못하리로다

신 33:27 영원하신 하나님이 네 처소가 되시니 그의 영원하신 팔이 네 아래에 있도다 그가 네 앞에서 대적을 쫓으시며 멸하라 하시도다

말 3:6 나 여호와는 변하지 아니하나니 그러므로 야곱의 자손들아 너희가 소멸되지 아니하느니라

제4문   하나님은 어떤 분이십니까?

답   • 하나님께서는 영이신데,
그분의 존재와 지혜와 능력과 거룩과 공의와
선하심과 인자하심과 진실하심은,
무한하시며 영원하시고 불변하십니다.

함께 나누기

오늘 공부를 통해 새롭게 알게 된 것은 무엇입니까?

함께 도전하기

오늘 공부를 통해 새롭게 결단한 것은 무엇입니까?

함께 기도하기

서로의 기도 제목을 나누어 봅시다.

제5과
삼위일체 (제5-6문)

1. 하나님 외에 또 다른 신이 있습니까?

> 신 6:4 이스라엘아 들으라 우리 하나님 여호와는 오직 유일한 여호와이시니

> 고전 8:4 그러므로 우상의 제물을 먹는 일에 대하여는 우리가 우상은 세상에 아무 것도 아니며 또한 하나님은 한 분밖에 없는 줄 아노라

2. 한 분이신 하나님은 어떻게 구별됩니까?

> 마 28:19 그러므로 너희는 가서 모든 민족을 제자로 삼아 아버지와 아들과 성령의 이름으로 세례를 베풀고

소요리문답 제자훈련

3. 성부, 성자, 성령의 능력과 영광은 각각 어떠합니까?

> 요 10:30 나와 아버지는 하나이니라 하신대

> 요 14:16 내가 아버지께 구하겠으니 그가 또 다른
> 보혜사를 너희에게 주사 영원토록 너희
> 와 함께 있게 하리니

웨스트민스터 소요리문답

제5문   하나님 한 분 외에 다른 신들이 있습니까?

답
- 오직 한 분뿐이시며,
  살아계시고 참되신 하나님이십니다.

제6문   하나님의 신격에는 몇 위가 계십니까?

답
- 하나님의 신격에는
  성부, 성자, 성령 삼위가 계십니다.
  이 삼위는 한 하나님이며,
  본질이 동일하시고,
  능력과 영광이 동등하십니다.

함께 나누기

오늘 공부를 통해 새롭게 알게 된 것은 무엇입니까?

함께 도전하기

오늘 공부를 통해 새롭게 결단한 것은 무엇입니까?

함께 기도하기

서로의 기도 제목을 나누어 봅시다.

제6과
하나님의 작정 (제7문)

1. 작정은 무엇입니까?

> 사 14:24 만군의 여호와께서 맹세하여 이르시되 내가 생각한 것이 반드시 되며 내가 경영한 것을 반드시 이루리라

2. 하나님은 어떻게 일어날 일들을 미리 아십니까?

> 행 2:23 그가 하나님께서 정하신 뜻과 미리 아신 대로 내준 바 되었거늘 너희가 법 없는 자들의 손을 빌려 못 박아 죽였으나

3. 하나님은 언제 작정하셨습니까?

> 엡 1:4 곧 창세 전에 그리스도 안에서 우리를 택하사 우리로 사랑 안에서 그 앞에 거룩하고 흠이 없게 하시려고

4. 하나님은 무엇을 작정하셨습니까?

> 엡 1:11 모든 일을 그의 뜻의 결정대로 일하시는
> 이의 계획을 따라 우리가 예정을 입어 그
> 안에서 기업이 되었으니

5. 하나님이 창세 전에 모든 것을 작정하신 목적은 무엇입니까?

> 엡 1:12 이는 우리가 그리스도 안에서 전부터 바
> 라던 그의 영광의 찬송이 되게 하려 하심
> 이라

웨스트민스터 소요리문답

제7문	하나님의 작정은 무엇입니까?

| 답 | • 하나님의 작정은 하나님의 뜻대로 계획하신 영원한 목적입니다.
그 목적을 따라서 하나님께서는
일어날 모든 일을
자기의 영광을 위하여
미리 정하셨습니다. |

오늘 공부를 통해 새롭게 알게 된 것은 무엇입니까?

오늘 공부를 통해 새롭게 결단한 것은 무엇입니까?

서로의 기도 제목을 나누어 봅시다.

제7과
작정과 창조 (제8-9문)

1. 하나님께서는 무엇을 통해 작정을 이루십니까?

2. 창조란 무엇입니까?

> 창 1:1 태초에 하나님이 천지를 창조하시니라

3. 하나님은 무엇으로 창조하셨습니까?

> 시 33:6 여호와의 말씀으로 하늘이 지음이 되었
> 으며 그 만상을 그의 입 기운으로 이루었
> 도다

4. 하나님은 무엇을 창조하셨습니까?

> 히 11:3 믿음으로 모든 세계가 하나님의 말씀으
> 로 지어진 줄을 우리가 아나니 보이는 것
> 은 나타난 것으로 말미암아 된 것이 아니
> 니라

5. 하나님은 어떻게 창조하셨습니까?

> 창 1:31 하나님이 지으신 그 모든 것을 보시니 보
> 시기에 심히 좋았더라 저녁이 되고 아침
> 이 되니 이는 여섯째 날이니라

> 딤전 4:4 하나님께서 지으신 모든 것이 선하매 감
> 사함으로 받으면 버릴 것이 없나니

웨스트민스터 소요리문답

제8문 **하나님께서 그분의 작정을 어떻게 이루십니까?**

답
- 하나님께서는 그분의 작정을
  창조와 섭리의 일로써 이루십니다.

제9문 **하나님께서 창조하신 일이 무엇입니까?**

답
- 하나님께서 창조하신 일은
  육일 동안에
  아무것도 없는 중에서
  그분의 능력의 말씀으로
  만물을 지으신 것인데,
  하나님이 보시기에 모든 것이 매우 좋았습니다.

오늘 공부를 통해 새롭게 알게 된 것은 무엇입니까?

함께 도전하기

오늘 공부를 통해 새롭게 결단한 것은 무엇입니까?

함께 기도하기

서로의 기도 제목을 나누어 봅시다.

제8과
사람의 창조 (제10문)

1. 하나님은 사람을 어떻게 창조하셨습니까?

> 마 19:4 예수께서 대답하여 이르시되 사람을 지
> 으신 이가 본래 그들을 남자와 여자로 지
> 으시고

> 창 1:27 하나님이 자기 형상 곧 하나님의 형상대
> 로 사람을 창조하시되 남자와 여자를 창
> 조하시고

2. 사람이 하나님의 형상이란 것은 어떤 뜻입니까?

> 골 3:10 새 사람을 입었으니 이는 자기를 창조하
> 신 이의 형상을 따라 지식에까지 새롭게
> 하심을 입은 자니라

엡 4:24 하나님을 따라 <u>의</u>와 진리의 거룩함으로 지으심을 받은 새 사람을 입으라

엡 4:24 (새번역성경) 하나님의 형상을 따라 참 <u>의</u>로움과 참 거룩함으로 지으심을 받은 새 사람을 입으십시오

3. 하나님께서 사람을 하나님의 형상으로 창조하신 목적은 무엇입니까?

창 1:28 하나님이 그들에게 복을 주시며 하나님이 그들에게 이르시되 생육하고 번성하여 땅에 충만하라, 땅을 정복하라, 바다의 물고기와 하늘의 새와 땅에 움직이는 모든 생물을 다스리라 하시니라

웨스트민스터 소요리문답

제10문	하나님께서 사람을 어떻게 창조하셨습니까?

답

- 하나님께서는 사람을
  남자와 여자로 지으시되,
  자기의 형상을 따라,
  지식과 의와 거룩함으로 창조하시어,
  피조물을 다스리게 하셨습니다.

오늘 공부를 통해 새롭게 알게 된 것은 무엇입니까?

함께 도전하기

오늘 공부를 통해 새롭게 결단한 것은 무엇입니까?

함께 기도하기

서로의 기도 제목을 나누어 봅시다.

제9과
하나님의 섭리 (제11문)

1. 하나님의 섭리란 무엇입니까?

> 창 50:20 당신들은 나를 해하려 하였으나 하나님
> 은 그것을 <u>선으로 바꾸사</u> 오늘과 같이
> 많은 백성의 생명을 구원하게 하시려 하
> 셨나니

2. 섭리의 대상은 무엇입니까?

> 시 36:6 주의 의는 하나님의 산들과 같고 주의 심
> 판은 큰 바다와 같으니이다 여호와여 주
> 는 <u>사람과 짐승을 구하여 주시나이다</u>

> 마 10:29 참새 두 마리가 한 앗사리온에 팔리지
> 않느냐 그러나 너희 <u>아버지께서 허락하</u>
> <u>지 아니하시면 그 하나도 땅에 떨어지지</u>
> <u>아니하리라</u>

3. 하나님은 어떻게 섭리하십니까?

> 시 104:24 여호와여 주께서 하신 일이 어찌 그리
> 많은지요 <u>주께서 지혜로 그들을 다 지</u>
> <u>으셨으니</u> 주께서 지으신 것들이 땅에
> 가득하니이다

시 145:17 여호와께서는 그 모든 행위에 의로우
시며 그 모든 일에 은혜로우시도다

히 1:3 이는 하나님의 영광의 광채시요 그 본체의
형상이시라 그의 능력의 말씀으로 만물을
붙드시며

4. 하나님이 섭리하시는 방식은 무엇입니까?

느 9:6 오직 주는 여호와시라 하늘과 하늘들의 하
늘과 일월 성신과 땅과 땅 위의 만물과 바
다와 그 가운데 모든 것을 지으시고 다 보
존하시오니 모든 천군이 주께 경배하나이다

시 103:19 여호와께서 그의 보좌를 하늘에 세우
시고 그의 왕권으로 만유를 다스리시
도다

웨스트민스터 소요리문답

제11문	하나님께서 섭리하시는 일이 무엇입니까?

| 답 | • 하나님께서 섭리하시는 일은,
모든 피조물과 그 모든 활동을,
가장 거룩하고 지혜롭고 능력 있게,
보존하시며 통치하시는 것입니다. |

함께 나누기

오늘 공부를 통해 새롭게 알게 된 것은 무엇입니까?

함께 도전하기

오늘 공부를 통해 새롭게 결단한 것은 무엇입니까?

함께 기도하기

서로의 기도 제목을 나누어 봅시다.

제10과
행위 언약 (제12문)

1. 하나님의 언약은 어떻게 나눌 수 있습니까?

> 갈 3:12 율법은 믿음에서 난 것이 아니니 율법을
> 행하는 자는 그 가운데서 살리라 하였으
> 니라

....

....

....

....

2. 하나님이 사람과 처음으로 맺은 언약은 무엇입니까?

> 창 2:16-17 여호와 하나님이 그 사람에게 명하
> 여 이르시되 동산 각종 나무의 열매
> 는 네가 임의로 먹되 선악을 알게 하
> 는 나무의 열매는 먹지 말라 네가 먹
> 는 날에는 반드시 죽으리라 하시니라

....

....

....

....

3. 왜 행위 언약을 생명 언약이라고도 합니까?

> 갈 3:12 율법은 믿음에서 난 것이 아니니 율법을
> 행하는 자는 그 가운데서 살리라 하였으
> 니라

....

....

....

....

4. 행위 언약으로 영생을 얻으려면, 율법을 어떻게 지켜야 합니까?

> 약 2:10 누구든지 온 율법을 지키다가 그 하나를 범하면 모두 범한 자가 되나니

5. 만약 행위 언약을 어기면 어떻게 됩니까?

> 창 2:17 선악을 알게 하는 나무의 열매는 먹지 말라 네가 먹는 날에는 반드시 죽으리라 하시니라

웨스트민스터 소요리문답

제12문	사람이 창조받은 지위에 있을 때에 하나님께서 그에게 행하신 특별한 섭리는 무엇입니까?
답	• 하나님께서 사람을 창조하셨을 때, 완전한 순종을 조건으로 생명 언약을 맺으시고, 선악과 먹는 것을 사망의 벌로써 금하셨습니다.

오늘 공부를 통해 새롭게 알게 된 것은 무엇입니까?

함께 도전하기

오늘 공부를 통해 새롭게 결단한 것은 무엇입니까?

함께 기도하기

서로의 기도 제목을 나누어 봅시다.

제11과
아담의 타락 (제13-14문)

1. 하나님은 아담을 어떤 존재로 창조하셨습니까?

> 창 2:17 선악을 알게 하는 나무의 열매는 먹지 말
> 라 네가 먹는 날에는 반드시 죽으리라 하
> 시니라

2. 아담은 자유의지를 어떻게 사용했습니까?

> 창 3:6 여자가 그 나무를 본즉 먹음직도 하고 보
> 암직도 하고 지혜롭게 할 만큼 탐스럽기
> 도 한 나무인지라 여자가 그 열매를 따먹
> 고 자기와 함께 있는 남편에게도 주매 그
> 도 먹은지라

3. 하나님의 말씀을 어기는 것을 무엇이라고 합니까?

> 요일 3:4 죄를 짓는 자마다 불법을 행하나니 죄는
> 불법이라

4. 율법을 어기는 것만 죄라고 합니까?

> 약 4:17 그러므로 사람이 선을 행할 줄 알고도 행하지 아니하면 죄니라

5. 아담이 범죄한 결과는 무엇입니까?

> 고후 11:3 뱀이 그 간계로 하와를 미혹한 것 같이 너희 마음이 그리스도를 향하는 진실함과 깨끗함에서 떠나 부패할까 두려워하노라

제13문	우리 시조는 창조된 본래의 상태에 계속 머물렀습니까?
답	• 우리 시조는 자유 의지를 가지고 있었으나 하나님께 범죄함으로 창조된 본래의 상태에서 타락하였습니다.

제14문	죄는 무엇입니까?
답	• 죄는 하나님의 율법을 조금이라도 부족하게 지키거나 그 법을 어기는 것입니다.

함께 나누기

오늘 공부를 통해 새롭게 알게 된 것은 무엇입니까?

함께 도전하기

오늘 공부를 통해 새롭게 결단한 것은 무엇입니까?

함께 기도하기

서로의 기도 제목을 나누어 봅시다.

제12과
인류의 타락 (제15-16문)

1. 아담이 타락하게 된 죄는 무엇입니까?

> 창 3:6 여자가 그 나무를 본즉 먹음직도 하고 보
> 암직도 하고 지혜롭게 할 만큼 탐스럽기
> 도 한 나무인지라 여자가 그 열매를 따먹
> 고 자기와 함께 있는 남편에게도 주매 그
> 도 먹은지라

2. 그때 아담 혼자서만 타락했습니까?

> 롬 5:12 그러므로 한 사람으로 말미암아 죄가 세
> 상에 들어오고 죄로 말미암아 사망이 들
> 어왔나니 이와 같이 모든 사람이 죄를 지
> 었으므로 사망이 모든 사람에게 이르렀
> 느니라

3. 아담이 범죄 한 결과는 무엇입니까?

시 51:5 내가 죄악 중에서 출생하였음이여 어머
니가 죄 중에서 나를 잉태하였나이다

웨스트민스터 소요리문답

제15문 | 우리 시조가 창조된 본래의 상태에서 타락하게 된 죄는 무엇이었습니까?

답 | • 우리 시조가 창조된 본래의 상태에서 타락하게 된 죄는
금지된 열매를 먹은 것입니다.

제16문 | 아담의 첫 범죄 때에 모든 사람이 타락하였습니까?

답 | • 아담과 맺은 언약은
아담 한 사람만이 아니라
그의 후손도 위한 것이므로,
보통 출생법으로 아담의 후손이 된 모든 인류는
아담의 첫 범죄 때에
아담 안에서 죄를 짓고
아담과 함께 타락하였습니다.

오늘 공부를 통해 새롭게 알게 된 것은 무엇입니까?

함께 도전하기

오늘 공부를 통해 새롭게 결단한 것은 무엇입니까?

함께 기도하기

서로의 기도 제목을 나누어 봅시다.

제13과
인류의 죄 (제17-18문)

1. 인류가 타락한 결과는 무엇입니까?

2. 사람은 어떤 죄인입니까?

3. 원죄는 무엇입니까?

> 롬 5:12 그러므로 한 사람으로 말미암아 죄가 세
> 상에 들어오고 죄로 말미암아 사망이 들
> 어왔나니 이와 같이 모든 사람이 죄를 지
> 었으므로 사망이 모든 사람에게 이르렀
> 느니라

> 롬 3:10 기록된 바 의인은 없나니 하나도 없으며

> 렘 17:9 만물보다 거짓되고 심히 부패한 것은 마음이라 누가 능히 이를 알리요마는

4. 자범죄는 무엇입니까?

> 마 15:19 마음에서 나오는 것은 악한 생각과 살인과 간음과 음란과 도둑질과 거짓 증언과 비방이니

웨스트민스터 소요리문답

제17문 타락으로 말미암아 인류는 어떤 상태에 빠지게 되었습니까?

답 • 타락으로 말미암아 인류는 죄와 비참의 상태에 빠지게 되었습니다.

제18문 사람이 타락하여 빠지게 된 상태의 죄성은 어떻게 나타납니까?

답 • 사람이 타락한 상태의 죄성은
아담의 첫 범죄의 죄책과,
원래 의의 결핍과,
그의 본성 전체가 부패한 것인데,
이것이 보통 원죄라 하는 것이고,
이 원죄로부터 나오는 나오는 모든 자범죄로 나타납니다.

오늘 공부를 통해 새롭게 알게 된 것은 무엇입니까?

함께 도전하기

오늘 공부를 통해 새롭게 결단한 것은 무엇입니까?

함께 기도하기

서로의 기도 제목을 나누어 봅시다.

제14과
인류의 비참 (제19문)

1. 인류가 타락한 결과는 무엇입니까?

2. 인간의 삶은 왜 비참합니까?

> 엡 2:12 그 때에 너희는 그리스도 밖에 있었고 이
> 스라엘 나라 밖의 사람이라 약속의 언약
> 들에 대하여는 외인이요 세상에서 소망
> 이 없고 하나님도 없는 자이더니

3. 죄로 인해 하나님과 멀어진 결과는 무엇입니까?

> 요 3:36 아들을 믿는 자에게는 영생이 있고 아들
> 에게 순종하지 아니하는 자는 영생을 보
> 지 못하고 도리어 하나님의 진노가 그 위
> 에 머물러 있느니라

전 2:22-23 사람이 해 아래에서 행하는 모든 수
고와 마음에 애쓰는 것이 무슨 소득
이 있으랴 일평생에 근심하며 수고하
는 것이 슬픔뿐이라 그의 마음이 밤
에도 쉬지 못하나니 이것도 헛되도다

롬 6:23 죄의 삯은 사망이요 하나님의 은사는 그
리스도 예수 우리 주 안에 있는 영생이
니라

살후 1:9 이런 자들은 주의 얼굴과 그의 힘의 영
광을 떠나 영원한 멸망의 형벌을 받으리
로다

웨스트민스터 소요리문답

제19문 **사람이 타락한 상태에서 비참한 것은 무엇입니까?**

답

- 모든 인류는 타락으로 말미암아
  하나님과의 교제를 상실하였으며,
  하나님의 진노와 저주 아래 있으며,
  그로 말미암아 이 세상에서 온갖 비참함을 겪다가,
  결국 죽음에 이르고,
  영원한 지옥 형벌을 받게 됩니다.

오늘 공부를 통해 새롭게 알게 된 것은 무엇입니까?

함께 도전하기

오늘 공부를 통해 새롭게 결단한 것은 무엇입니까?

함께 기도하기

서로의 기도 제목을 나누어 봅시다.

제15과
은혜 언약 (제20문)

1. 하나님은 모든 사람이 죄와 비참 가운데 멸망하도록 버려두셨습니까?

> 살후 2:13 주께서 사랑하시는 형제들아 우리가 항상 너희에 관하여 마땅히 하나님께 감사할 것은 하나님이 처음부터 너희를 택하사 성령의 거룩하게 하심과 진리를 믿음으로 <u>구원을 받게 하심이니</u>

> 행 13:48 이방인들이 듣고 기뻐하여 하나님의 말씀을 찬송하며 영생을 주시기로 작정된 자는 다 믿더라

> 딤후 1:9 하나님이 우리를 구원하사 거룩하신 소명으로 부르심은 우리의 행위대로 하심이 아니요 오직 자기의 뜻과 영원 전부터 그리스도 예수 안에서 우리에게 주신 은혜대로 하심이라

2. 하나님은 선택 받은 자들과 어떤 언약을 맺으셨습니까?

3. 은혜 언약은 무엇입니까?

> 창 3:15 내가 너로 여자와 원수가 되게 하고 네 후손도 여자의 후손과 원수가 되게 하리니 여자의 후손은 네 머리를 상하게 할 것이요 너는 그의 발꿈치를 상하게 할 것이니라 하시고

4. 구속자는 무엇을 뜻하는 용어입니까?

> 엡 1:7 우리는 그리스도 안에서 그의 은혜의 풍성함을 따라 그의 피로 말미암아 <u>속량 곧 죄 사함</u>을 받았느니라

제19문 · 하나님께서는 모든 인류를 죄와 비참의 상태에서 멸망하도록 버려두셨습니까?

답 · 하나님께서는,

오직 그분의 선하신 뜻을 따라,

영원 전부터 어떤 사람들을 영생에 이르도록 선택하셨고,

그들과 은혜 언약을 맺으셔서

구속자로 말미암아 그들을 죄와 비참의 상태에서 건져내시고,

구원의 상태에 이르게 하셨습니다.

오늘 공부를 통해 새롭게 알게 된 것은 무엇입니까?

함께 도전하기

오늘 공부를 통해 새롭게 결단한 것은 무엇입니까?

함께 기도하기

서로의 기도 제목을 나누어 봅시다.

제16과
예수 그리스도 (제21문)

1. 하나님이 선택하신 자들의 구속자는 누구십니까?

> 요 14:6 예수께서 이르시되 내가 곧 길이요 진리
> 요 생명이니 나로 말미암지 않고는 아버
> 지께로 올 자가 없느니라

2. 예수님 외에 다른 구속자가 있습니까?

> 행 4:12 다른 이로써는 구원을 받을 수 없나니 천
> 하 사람 중에 구원을 받을 만한 다른 이
> 름을 우리에게 주신 일이 없음이라 하였
> 더라

3. 예수님은 어떤 분입니까?

> 마 3:17 하늘로부터 소리가 있어 말씀하시되 이
> 는 내 사랑하는 아들이요 내 기뻐하는 자
> 라 하시니라

마 1:23 보라 처녀가 잉태하여 아들을 낳을 것이
요 그의 이름은 임마누엘이라 하리라 하
셨으니 이를 번역한즉 하나님이 우리와
함께 계시다 함이라

골 2:9 그 안에는 신성의 모든 충만이 육체로 거
하시고

4. 예수님은 언제까지 하나님이면서 동시에 사람으로 계십니까?

히 7:24 예수는 영원히 계시므로 그 제사장 직분
도 갈리지 아니하느니라

웨스트민스터 소요리문답

제21문	하나님께서 선택하신 사람들의 구속자는 누구십니까?
답	• 하나님께서 선택하신 사람들의 구속자는 오직 주 예수 그리스도이십니다. 그분은 하나님의 영원하신 아들로서 사람이 되셨고, 한 위격에 구별된 두 본성을 가지고 계신 하나님이시고 사람이셨으며, 지금도, 그리고 영원토록 그러하십니다.

소요리문답 제자훈련

함께 나누기

오늘 공부를 통해 새롭게 알게 된 것은 무엇입니까?

함께 도전하기

오늘 공부를 통해 새롭게 결단한 것은 무엇입니까?

함께 기도하기

서로의 기도 제목을 나누어 봅시다.

제17과
성육신 (제22문)

1. 예수님은 어떻게 잉태되셨습니까?

> 눅 1:34-35 마리아가 천사에게 말하되 나는 남자를 알지 못하니 어찌 이 일이 있으리이까 천사가 대답하여 이르되 성령이 네게 임하시고 지극히 높으신 이의 능력이 너를 덮으시리니 이러므로 나실 바 거룩한 이는 하나님의 아들이라 일컬어지리라

2. 예수님은 진짜 사람이 되셨습니까?

> 빌 2:6-7 그는 근본 하나님의 본체시나 하나님과 동등됨을 취할 것으로 여기지 아니하시고 오히려 자기를 비워 종의 형체를 가지사 사람들과 같이 되셨고

> 마 26:38 이에 말씀하시되 내 마음이 매우 고민하
> 여 죽게 되었으니 너희는 여기 머물러
> 나와 함께 깨어 있으라 하시고

3. 예수님이 사람이 되셨다면 예수님도 죄인입니까?

> 요일 3:5 그가 우리 죄를 없애려고 나타나신 것을
> 너희가 아나니 그에게는 죄가 없느니라

제22문	하나님의 아들이신 그리스도께서는 어떻게 사람이 되셨습니까?
답	• 하나님의 아들이신 그리스도께서는 성령의 능력으로 잉태되어 처녀 마리아의 몸에서 참된 몸과 이성적인 영혼을 취하심으로 사람이 되셨습니다. 또한 마리아에게서 태어나셨으나 죄는 없으십니다.

오늘 공부를 통해 새롭게 알게 된 것은 무엇입니까?

함께 도전하기

오늘 공부를 통해 새롭게 결단한 것은 무엇입니까?

함께 기도하기

서로의 기도 제목을 나누어 봅시다.

제18과
예수님의 직분 (제23문)

1. 예수님의 직분은 무엇입니까?

> 마 16:15-17 이르시되 너희는 나를 누구라 하느
> 냐 시몬 베드로가 대답하여 이르되
> 주는 그리스도시요 살아 계신 하나
> 님의 아들이시니이다 예수께서 대
> 답하여 이르시되 바요나 시몬아 네
> 가 복이 있도다

2. 구약의 그리스도는 누구입니까?

> 왕상 19:16 사밧의 아들 엘리사에게 기름을 부어
> 너를 대신하여 선지자가 되게 하라

> 출 28:41 너는 그것들로 네 형 아론과 그와 함께
> 한 그의 아들들에게 입히고 그들에게 기
> 름을 부어 위임하고 거룩하게 하여 그들
> 이 제사장 직분을 내게 행하게 할지며

삼상 9:15-16 사울이 오기 전날에 여호와께서 사무엘에게 알게 하여 이르시되 내일 이맘 때에 내가 베냐민 땅에서 한 사람을 네게로 보내리니 너는 그에게 기름을 부어 내 백성 이스라엘의 지도자로 삼으라

3. 따라서 '예수 그리스도'는 어떤 의미입니까?

마 1:1 아브라함과 다윗의 자손 예수 그리스도의 계보라

4. 예수님은 그리스도의 일을 어떤 위치에서 행하십니까?

제23문	그리스도께서 우리의 구속자로서 무슨 직분을 수행하십니까?

답	• 그리스도께서는 우리의 구속자로서 선지자와 제사장과 왕의 직분을 낮아지고 높아지신 두 지위에서 행하십니다.

오늘 공부를 통해 새롭게 알게 된 것은 무엇입니까?

함께 도전하기

오늘 공부를 통해 새롭게 결단한 것은 무엇입니까?

함께 기도하기

서로의 기도 제목을 나누어 봅시다.

제19과
선지자이신 예수 (제24문)

1. 선지자는 어떤 직분입니까?

2. 예수님은 어떻게 선지자 직분을 수행하십니까?

요 1:18 본래 하나님을 본 사람이 없으되 아버지 품 속에 있는 독생하신 하나님이 나타내 셨느니라

요 15:15 이제부터는 너희를 종이라 하지 아니하 리니 종은 주인이 하는 것을 알지 못함 이라 너희를 친구라 하였노니 내가 내 아버지께 들은 것을 다 너희에게 알게 하였음이라

요 20:31 오직 이것을 기록함은 너희로 예수께서 하나님의 아들 그리스도이심을 믿게 하 려 함이요 또 너희로 믿고 그 이름을 힘 입어 생명을 얻게 하려 함이니라

3. 예수님은 하나님의 뜻을 어떻게 알려주십니까?

행 1:1-2 데오빌로여 내가 먼저 쓴 글에는 무릇 예수께서 행하시며 가르치시기를 시작하심부터 그가 택하신 사도들에게 성령으로 명하시고 승천하신 날까지의 일을 기록하였노라

요 14:26 보혜사 곧 아버지께서 내 이름으로 보내실 성령 그가 너희에게 모든 것을 가르치고 내가 너희에게 말한 모든 것을 생각나게 하리라

제24문 그리스도께서는 선지자의 직분을 어떻게 수행하십니까?

답
- 그리스도께서는
  우리를 구원하시기 위한 하나님의 뜻을
  그분의 말씀과 성령으로 우리에게 계시하심으로
  선지자직을 수행하십니다.

함께 나누기	

오늘 공부를 통해 새롭게 알게 된 것은 무엇입니까?

함께 도전하기	

오늘 공부를 통해 새롭게 결단한 것은 무엇입니까?

함께 기도하기	

서로의 기도 제목을 나누어 봅시다.

제20과
제사장이신 예수 (제25문)

1. 제사장은 어떤 직분입니까?

....

....

....

2. 구약의 제사장들은 어떻게 제사장 직분을 수행했습니까?

레 1:2 이스라엘 자손에게 말하여 이르라 너희
중에 누구든지 여호와께 예물을 드리려거
든 가축 중에서 소나 양으로 예물을 드릴
지니라

....

....

....

....

3. 예수님은 어떻게 제사장의 직분을 수행하십니까?

히 9:11-12 그리스도께서는 장래 좋은 일의 대제
사장으로 오사…염소와 송아지의 피
로 하지 아니하고 오직 자기의 피로
영원한 속죄를 이루사 단번에 성소에
들어가셨느니라

....

....

....

....

4. 예수님이 자신의 몸을 제물로 드린 결과는 무엇입니까?

> 롬 3:25 이 예수를 하나님이 그의 피로써 믿음으로 말미암는 화목제물로 세우셨으니 이는 하나님께서 길이 참으시는 중에 전에 지은 죄를 간과하심으로 <u>자기의 의로우심</u>을 나타내려 하심이니

> 골 1:21-22 전에 악한 행실로 멀리 떠나 마음으로 원수가 되었던 너희를 이제는 그의 육체의 죽음으로 말미암아 화목하게 하사 너희를 거룩하고 흠 없고 책망할 것이 없는 자로 그 앞에 세우고자 하셨으니

5. 예수님은 지금 어떻게 제사장직을 수행하십니까?

> 롬 8:34 누가 정죄하리요 죽으실 뿐 아니라 다시 살아나신 이는 그리스도 예수시니 그는 하나님 우편에 계신 자요 <u>우리를 위하여</u> <u>간구하시는 자</u>시니라

89

| 제25문 | 그리스도께서 제사장의 직분을 어떻게 수행하십니까? |

| 답 | • 그리스도께서는
단번에 자신을 제물로 드려
하나님의 공의를 만족시키시고,
우리를 하나님과 화해하게 하시며,
우리를 위하여 항상 기도하심으로 제사장직을 수행하십니다. |

오늘 공부를 통해 새롭게 알게 된 것은 무엇입니까?

함께 도전하기

오늘 공부를 통해 새롭게 결단한 것은 무엇입니까?

함께 기도하기

서로의 기도 제목을 나누어 봅시다.

제21과
왕이신 예수 (제26문)

1. 왕은 어떤 직분입니까?

....

....

....

2. 예수님은 어떻게 왕의 직분을 수행하십니까?

골 1:13 그가 우리를 흑암의 권세에서 건져내사 그의 사랑의 아들의 나라로 옮기셨으니

....

....

....

....

요 17:2 아버지께서 아들에게 주신 모든 사람에게 영생을 주게 하시려고 만민을 다스리는 권세를 아들에게 주셨음이로소이다

....

....

....

....

....

....

마 28:20 내가 너희에게 분부한 모든 것을 가르쳐 지키게 하라 볼지어다 내가 세상 끝날까지 너희와 항상 함께 있으리라 하시니라

마 12:28 그러나 내가 하나님의 성령을 힘입어 귀신을 쫓아내는 것이면 하나님의 나라가 이미 너희에게 임하였느니라

제26문   그리스도께서는 왕의 직분을 어떻게 수행하십니까?

답   • 그리스도께서는 우리를 자기에게 복종하게 하시고,
      우리를 다스리시고,
      보호하시며,
      자기와 우리의 모든 원수를 제어하고 정복하심으로
      왕직을 수행하십니다.

함께 나누기

오늘 공부를 통해 새롭게 알게 된 것은 무엇입니까?

함께 도전하기

오늘 공부를 통해 새롭게 결단한 것은 무엇입니까?

함께 기도하기

서로의 기도 제목을 나누어 봅시다.

제22과
예수의 낮아지심 (제27문)

1. 예수님은 우리를 구원하기 위해 얼마나 낮아지셨습니까?

눅 2:7 첫아들을 낳아 강보로 싸서 구유에 뉘었으
니 이는 여관에 있을 곳이 없음이러라

갈 4:4 때가 차매 하나님이 그 아들을 보내사 여
자에게서 나게 하시고 율법 아래에 나게
하신 것은

사 53:3 그는 멸시를 받아 사람들에게 버림 받았
으며 간고를 많이 겪었으며 질고를 아는
자라 마치 사람들이 그에게서 얼굴을 가
리는 것 같이 멸시를 당하였고 우리도 그
를 귀히 여기지 아니하였도다

마 27:46 제구시쯤에 예수께서 크게 소리 질러 이
르시되 엘리 엘리 라마 사박다니 하시니
이는 곧 나의 하나님, 나의 하나님, 어찌
하여 나를 버리셨나이까 하는 뜻이라

갈 3:13 그리스도께서 우리를 위하여 저주를 받은 바 되사 율법의 저주에서 우리를 속량하셨으니 기록된 바 나무에 달린 자마다 저주 아래에 있는 자라 하였음이라

마 27:59-60 요셉이 시체를 가져다가 깨끗한 세마포로 싸서 바위 속에 판 자기 새 무덤에 넣어 두고 큰 돌을 굴려 무덤 문에 놓고 가니

마 12:40 요나가 밤낮 사흘 동안 큰 물고기 뱃속에 있었던 것 같이 인자도 밤낮 사흘 동안 땅 속에 있으리라

제27문 그리스도의 낮아지심은 무엇입니까?

답
- 그리스도의 낮아지심은
  사람으로 출생하시되 낮은 신분으로 나신 것과,
  율법 아래 나신 것과,
  사는 동안 여러 가지 비참함을 겪으신 것과,
  하나님의 진노와
  십자가의 저주받은 죽음을 당하신 것과,
  장사되신 것과,
  얼마 동안 죽음의 권세 아래 거하신 것입니다.

오늘 공부를 통해 새롭게 알게 된 것은 무엇입니까?

함께 도전하기

오늘 공부를 통해 새롭게 결단한 것은 무엇입니까?

함께 기도하기

서로의 기도 제목을 나누어 봅시다.

제23과
예수의 높아지심 (제28문)

1. 예수님은 우리를 구원하기 위해 얼마나 높아지셨습니까?

> 고전 15:4 장사 지낸 바 되셨다가 성경대로 사흘 만에 다시 살아나사

> 행 1:11 이르되 갈릴리 사람들아 어찌하여 서서 하늘을 쳐다보느냐 너희 가운데서 하늘로 올려지신 이 예수는 하늘로 가심을 본 그대로 오시리라 하였느니라

> 히 1:3 이는 하나님의 영광의 광채시요 그 본체의 형상이시라 그의 능력의 말씀으로 만물을 붙드시며 죄를 정결하게 하는 일을 하시고 높은 곳에 계신 지극히 크신 이의 우편에 앉으셨느니라

마 16:27 인자가 아버지의 영광으로 그 천사들과 함께 오리니 그 때에 각 사람이 행한 대로 갚으리라

제23과 **예수의 높아지심 (제28문)**

제28문	그리스도의 높아지심은 무엇입니까?

답	• 그리스도의 높아지심은 3일 만에 죽은 자들 가운데서 다시 살아나신 것과, 하늘에 오르신 것과, 성부 하나님 우편에 앉아 계신 것과, 마지막 날에 세상을 심판하러 오시는 것입니다.

함께 나누기

오늘 공부를 통해 새롭게 알게 된 것은 무엇입니까?

함께 도전하기

오늘 공부를 통해 새롭게 결단한 것은 무엇입니까?

함께 기도하기

서로의 기도 제목을 나누어 봅시다.

제24과
성령의 적용 사역 (제29-30문)

1. 우리의 구원을 이루신 분은 누구입니까?

> 요 19:30 예수께서 신 포도주를 받으신 후에 이르시되 다 이루었다 하시고 머리를 숙이니 영혼이 떠나가시니라

2. 예수님이 이루신 구원을 우리에게 적용하시는 분은 누구입니까?

> 슥 4:6 그가 내게 대답하여 이르되 여호와께서 스룹바벨에게 하신 말씀이 이러하니라 만군의 여호와께서 말씀하시되 이는 힘으로 되지 아니하며 능력으로 되지 아니하고 오직 나의 영으로 되느니라

> 요 3:5-6 예수께서 대답하시되 진실로 진실로 네게 이르노니 사람이 물과 성령으로 나지 아니하면 하나님의 나라에 들어갈 수 없느니라 육으로 난 것은 육이요 영으로 난 것은 영이니

3. 성령님은 어떻게 예수님이 이루신 구원을 우리에게 적용하십니까?

> 엡 2:8 너희는 그 은혜에 의하여 믿음으로 말미암
> 아 구원을 받았으니 이것은 너희에게서 난
> 것이 아니요 하나님의 선물이라

> 요 15:5 나는 포도나무요 너희는 가지라 그가 내
> 안에, 내가 그 안에 거하면 사람이 열매
> 를 많이 맺나니 나를 떠나서는 너희가 아
> 무 것도 할 수 없음이라

웨스트민스터 소요리문답

제29문	우리는 어떻게 그리스도께서 값 주고 사신 구속에 참여하는 자가 됩니까?

> 답
> - 그리스도의 성령께서
>   그 구속을 우리에게 효력 있게 적용하여 주심으로
>   우리는 그리스도의 값 주고 사신 구속에 참여하는 사람이 됩니다.

제30문	그리스도의 값 주고 사신 구속을 성령께서 우리에게 어떻게 적용하십니까?

> 답
> - 성령께서는 우리를 효력 있는 부르심으로 부르셔서
>   우리 안에 믿음을 일으켜 주시고,
>   우리를 그리스도와 연합하게 하심으로
>   그리스도의 값 주고 사신 구속을
>   우리에게 적용하여 주십니다.

함께 나누기

오늘 공부를 통해 새롭게 알게 된 것은 무엇입니까?

함께 도전하기

오늘 공부를 통해 새롭게 결단한 것은 무엇입니까?

함께 기도하기

서로의 기도 제목을 나누어 봅시다.

제25과
효력 있는 부르심 (제31문)

1. 성령님의 효력 있는 부르심이란 무엇입니까?

> 살후 2:13-14 주께서 사랑하시는 형제들아 우리
> 가 항상 너희에 관하여 마땅히 하
> 나님께 감사할 것은 하나님이 처음
> 부터 너희를 택하사 성령의 거룩하
> 게 하심과 진리를 믿음으로 구원을
> 받게 하심이니 이를 위하여 우리의
> 복음으로 너희를 부르사 우리 주
> 예수 그리스도의 영광을 얻게 하려
> 하심이니라

2. 성령님은 어떻게 우리를 효력 있게 부르십니까?

> 행 2:37 그들이 이 말을 듣고 마음에 찔려 베드로
> 와 다른 사도들에게 물어 이르되 형제들
> 아 우리가 어찌할꼬 하거늘

> 고전 2:10 오직 하나님이 성령으로 이것을 우리
> 에게 보이셨으니 성령은 모든 것 곧 하
> 나님의 깊은 것까지도 통달하시느니라

겔 36:26 또 새 영을 너희 속에 두고 새 마음을 너희에게 주되 너희 육신에서 굳은 마음을 제거하고 부드러운 마음을 줄 것이며

행 16:14 두아디라 시에 있는 자색 옷감 장사로서 하나님을 섬기는 루디아라 하는 한 여자가 말을 듣고 있을 때 주께서 그 마음을 열어 바울의 말을 따르게 하신지라

계 22:17 성령과 신부가 말씀하시기를 오라 하시는도다 듣는 자도 오라 할 것이요 목마른 자도 올 것이요 또 원하는 자는 값없이 생명수를 받으라 하시더라

제31문 효력 있는 부르심은 무엇입니까?

답
- 효력 있는 부르심은 하나님의 성령의 역사로,
  우리의 죄와 비참을 깨닫게 하시고,
  우리의 마음을 밝게 하셔서 그리스도를 알게 하시고,
  우리의 의지를 새롭게 하시고,
  또 우리를 설득하셔서
  복음 안에서 우리에게 값없이 주신
  예수 그리스도를 영접할 수 있게 하는 것입니다.

오늘 공부를 통해 새롭게 알게 된 것은 무엇입니까?

함께 도전하기

오늘 공부를 통해 새롭게 결단한 것은 무엇입니까?

함께 기도하기

서로의 기도 제목을 나누어 봅시다.

제26과
칭의 (제32-33문)

1. 효력 있는 부르심을 받은 사람들은 이 세상에서 무슨 유익을 얻습니까?

2. 칭의는 무엇입니까?

> 롬 4:7-8 불법이 사함을 받고 죄가 가리어짐을 받는 사람들은 복이 있고 주께서 그 죄를 인정하지 아니하실 사람은 복이 있도다

> 고후 5:21 하나님이 죄를 알지도 못하신 이를 우리를 대신하여 죄로 삼으신 것은 우리로 하여금 그 안에서 하나님의 의가 되게 하려 하심이라

3. 하나님께서 우리 죄를 용서하시고, 우리를 의롭다고 여겨주시는 근거는 무엇입니까?

> 고후 5:21 하나님이 죄를 알지도 못하신 이를 우리를 대신하여 죄로 삼으신 것은 우리로 하여금 그 안에서 하나님의 의가 되게 하려 하심이라

> 고후 5:21 하나님이 죄를 알지도 못하신 이를 우리를 대신하여 죄로 삼으신 것은 우리로 하여금 그 안에서 하나님의 의가 되게 하려 하심이라

4. 예수님의 의를 전가받는 방법은 무엇입니까?

> 갈 2:16 사람이 의롭게 되는 것은 율법의 행위로 말미암음이 아니요 오직 예수 그리스도를 믿음으로 말미암는 줄 알므로 우리도 그리스도 예수를 믿나니 이는 우리가 율법의 행위로써가 아니고 그리스도를 믿음으로써 의롭다 함을 얻으려 함이라 율법의 행위로써는 의롭다 함을 얻을 육체가 없느니라

제32문	효력 있는 부르심을 받은 사람들은 이 세상에서 무슨 유익을 얻습니까?

답	• 효력 있는 부르심을 받은 사람들은 이 세상에서 칭의와 양자 됨과 성화에 참여하고, 또한 그것들과 함께 오거나 그것들에게 나오는 유익을 얻습니다.

제33문	칭의는 무엇입니까?

답	• 칭의는 하나님의 값없는 은혜의 행위인데, 그것으로 우리의 모든 죄를 용서하시고, 우리를 자기 앞에서 의롭다고 여겨 주십니다. 이것은 오직 그리스도의 의를 우리에게 돌려주시는 일이고, 우리는 오직 믿음으로 받습니다.

오늘 공부를 통해 새롭게 알게 된 것은 무엇입니까?

오늘 공부를 통해 새롭게 결단한 것은 무엇입니까?

서로의 기도 제목을 나누어 봅시다.

제27과
양자됨 (제34문)

1. 양자됨은 무엇입니까?

> 요일 3:1 보라 아버지께서 어떠한 사랑을 우리에게 베푸사 하나님의 자녀라 일컬음을 받게 하셨는가, 우리가 그러하도다 그러므로 세상이 우리를 알지 못함은 그를 알지 못함이라

> 요 1:12 영접하는 자 곧 그 이름을 믿는 자들에게는 하나님의 자녀가 되는 권세를 주셨으니

2. 하나님의 자녀가 된 자들에게는 어떤 특권이 있습니까?

> 마 6:26 공중의 새를 보라 심지도 않고 거두지도 않고 창고에 모아들이지도 아니하되 너희 하늘 아버지께서 기르시나니 너희는 이것들보다 귀하지 아니하냐

> 히 12:7-8 너희가 참음은 징계를 받기 위함이라 하나님이 아들과 같이 너희를 대우하시나니 어찌 아버지가 징계하지 않는 아들이 있으리요 징계는 다 받는 것이거늘 너희에게 없으면 사생자요 친아들이 아니니라

마 6:9 그러므로 너희는 이렇게 기도하라 하늘에 계신 우리 아버지여 이름이 거룩히 여김을 받으시오며

롬 8:17 자녀이면 또한 상속자 곧 하나님의 상속 자요 그리스도와 함께 한 상속자니 우리 가 그와 함께 영광을 받기 위하여 고난도 함께 받아야 할 것이니라

3. 하나님의 자녀가 된 자들에게는 어떤 책임이 있습니까?

롬 8:17 자녀이면 또한 상속자 곧 하나님의 상속 자요 그리스도와 함께 한 상속자니 우리 가 그와 함께 영광을 받기 위하여 고난도 함께 받아야 할 것이니라

제34문   양자됨은 무엇입니까?

답

- 양자됨은 하나님께서 값없이 베푸시는 은혜의 행위인데,
  그것으로 우리가 하나님의 자녀의 수에 들게 되고,
  하나님의 자녀로서의 모든 특권을 누릴 수 있게 됩니다.

오늘 공부를 통해 새롭게 알게 된 것은 무엇입니까?

오늘 공부를 통해 새롭게 결단한 것은 무엇입니까?

서로의 기도 제목을 나누어 봅시다.

제28과
성화 (제35문)

1. 성화는 무엇입니까?

> 살후 2:13 주께서 사랑하시는 형제들아 우리가
> 항상 너희에 관하여 마땅히 하나님께
> 감사할 것은 하나님이 처음부터 너희
> 를 택하사 성령의 거룩하게 하심과 진
> 리를 믿음으로 구원을 받게 하심이니

2. 성화는 개인의 노력에만 달린 일입니까?

> 겔 36:27 또 내 영을 너희 속에 두어 너희로 내 율
> 례를 행하게 하리니 너희가 내 규례를
> 지켜 행할지라

3. 성화의 목적은 무엇입니까?

> 고후 5:17 그런즉 누구든지 그리스도 안에 있으면 새로운 피조물이라 이전 것은 지나갔으니 보라 새 것이 되었도다

4. 하나님의 형상을 회복하기 위해 어떤 노력을 해야 합니까?

> 롬 6:12 그러므로 너희는 죄가 너희 죽을 몸을 지배하지 못하게 하여 몸의 사욕에 순종하지 말고

> 롬 6:13 오직 너희 자신을 죽은 자 가운데서 다시 살아난 자 같이 하나님께 드리며 너희 지체를 의의 무기로 하나님께 드리라

제35문	성화는 무엇입니까?

| 답 | · 성화는 하나님께서 값없이 베푸시는 은혜의 행위인데,
우리가 하나님의 형상을 따라 온전히 새사람이 되고,
점점 더 죄에 대하여는 죽고,
의에 대하여는 살게 하시는 것입니다. |

함께 나누기

오늘 공부를 통해 새롭게 알게 된 것은 무엇입니까?

함께 도전하기

오늘 공부를 통해 새롭게 결단한 것은 무엇입니까?

함께 기도하기

서로의 기도 제목을 나누어 봅시다.

제29과
신자가 사는 동안 받는 복 (제36문)

1. 신자는 이 세상에서 어떤 복을 받습니까?

> 롬 8:35 누가 우리를 그리스도의 사랑에서 끊으리요 환난이나 곤고나 박해나 기근이나 적신이나 위험이나 칼이랴

> 롬 5:1 그러므로 우리가 믿음으로 의롭다 하심을 받았으니 우리 주 예수 그리스도로 말미암아 하나님과 화평을 누리자

> 롬 14:17 하나님의 나라는 먹는 것과 마시는 것이 아니요 오직 성령 안에 있는 의와 평강과 희락이라

벧후 3:18 오직 우리 주 곧 구주 예수 그리스도의 은혜와 그를 아는 지식에서 자라 가라 영광이 이제와 영원한 날까지 그에게 있을지어다

벧전 1:5 너희는 말세에 나타내기로 예비하신 구원을 얻기 위하여 믿음으로 말미암아 하나님의 능력으로 보호하심을 받았느니라

제36문 신자는 이 세상에서 어떤 복을 받습니까?

답
- 신자는 이 세상에서
  하나님의 사랑을 받고,
  양심의 평안을 누리며,
  성령님이 주시는 기쁨으로 즐거워하고,
  은혜 안에서 자라며,
  끝까지 믿음을 잃지 않는 복을 받습니다.

오늘 공부를 통해 새롭게 알게 된 것은 무엇입니까?

함께 도전하기

오늘 공부를 통해 새롭게 결단한 것은 무엇입니까?

함께 기도하기

서로의 기도 제목을 나누어 봅시다.

제30과
신자가 죽을 때 받는 복 (제37문)

1. 신자가 죽을 때 받는 복은 무엇입니까?

> 히 12:23 하늘에 기록된 장자들의 모임과 교회와 만민의 심판자이신 하나님과 및 온전하게 된 의인의 영들과

> 눅 23:43 예수께서 이르시되 내가 진실로 네게 이르노니 오늘 네가 나와 함께 낙원에 있으리라 하시니라

> 살전 4:14 우리가 예수께서 죽으셨다가 다시 살아나심을 믿을진대 이와 같이 예수 안에서 자는 자들도 하나님이 그와 함께 데리고 오시리라

> 사 57:1-2 의인이 죽을지라도 마음에 두는 자가 없고 진실한 이들이 거두어 감을 당할지라도 깨닫는 자가 없도다 의인들은 악한 자들 앞에서 불리어가도다 그들은 평안에 들어갔나니 바른 길로 가는 자들은 그들의 침상에서 편히 쉬리라

제37문	신자가 죽을 때 받는 복은 무엇입니까?

답 · 신자는 죽을 때
그의 영혼이 완전히 거룩하게 되고,
즉시 영광에 들어가며,
그의 몸은 여전히 그리스도에게 연합되어,
부활 때까지 무덤에서 쉬는 복을 받습니다.

오늘 공부를 통해 새롭게 알게 된 것은 무엇입니까?

함께 도전하기

오늘 공부를 통해 새롭게 결단한 것은 무엇입니까?

함께 기도하기

서로의 기도 제목을 나누어 봅시다.

제31과
신자가 부활 때 받는 복 (제38문)

1. 신자가 부활 때 받는 복은 무엇입니까?

> 고전 15:42-43 죽은 자의 부활도 그와 같으니 썩을 것으로 심고 썩지 아니할 것으로 다시 살아나며 욕된 것으로 심고 영광스러운 것으로 다시 살아나며 약한 것으로 심고 강한 것으로 다시 살아나며

> 마 10:32 누구든지 사람 앞에서 나를 시인하면 나도 하늘에 계신 내 아버지 앞에서 그를 시인할 것이요

시 16:11 주께서 생명의 길을 내게 보이시리니 주
의 앞에는 충만한 기쁨이 있고 주의 오
른쪽에는 영원한 즐거움이 있나이다

제31과 **신자가 부활 때 받는 복 (제38문)**

제38문　　　신자가 부활 때 받는 복은 무엇입니까?

답　　　• 신자는 부활 때
영광 중에 일으킴을 받고,
하나님의 재판정에서 공개적으로 인정받고 무죄 선고를 받으며,
영원토록 하나님을 온전히 즐거워하는
최고의 복을 받게 됩니다.

함께 나누기	

오늘 공부를 통해 새롭게 알게 된 것은 무엇입니까?

함께 도전하기	

오늘 공부를 통해 새롭게 결단한 것은 무엇입니까?

함께 기도하기	

서로의 기도 제목을 나누어 봅시다.

제32과
사람의 의무 (제39-41문)

1. 하나님께서 사람에게 요구하시는 의무는 무엇입니까?

> 롬 12:2 너희는 이 세대를 본받지 말고 오직 마음
> 을 새롭게 함으로 변화를 받아 하나님의
> 선하시고 기뻐하시고 온전하신 뜻이 무
> 엇인지 분별하도록 하라

2. 하나님이 사람에게 처음부터 요구하신 순종은 무엇입니까?

3. 도덕법은 어디에 요약되어 있습니까?

웨스트민스터 소요리문답

제39문 하나님께서 사람에게 요구하시는 의무는 무엇입니까?

답 · 하나님께서 사람에게 요구하시는 의무는
하나님이 나타내 보이신 뜻에 순종하는 것입니다.

제40문 하나님이 사람에게 처음부터 요구하신 순종은 무엇입니까?

답 · 하나님이 사람에게 처음부터 요구하신 순종은 도덕법입니다.

제41문 도덕법은 어디에 요약되어 있습니까?

답 · 도덕법은 십계명에 요약되어 있습니다.

오늘 공부를 통해 새롭게 알게 된 것은 무엇입니까?

함께 도전하기

오늘 공부를 통해 새롭게 결단한 것은 무엇입니까?

함께 기도하기

서로의 기도 제목을 나누어 봅시다.

제33과
십계명의 요점과 머리말 (제42-44문)

1. 십계명의 요점은 무엇입니까?

1-4계명

5-10계명

2. 우리는 하나님을 어떻게 사랑해야 합니까?

신 6:5 너는 마음을 다하고 뜻을 다하고 힘을 다하여 네 하나님 여호와를 사랑하라

3. 우리는 이웃을 어떻게 사랑해야 합니까?

레 19:18 원수를 갚지 말며 동포를 원망하지 말며 네 이웃 사랑하기를 네 자신과 같이 사랑하라 나는 여호와이니라

4. 예수님은 율법의 요점이 무엇이라고 하셨습니까?

> 마 22:37-40 예수께서 이르시되 네 마음을 다하
> 고 목숨을 다하고 뜻을 다하여 주
> 너의 하나님을 사랑하라 하셨으니
> 이것이 크고 첫째 되는 계명이요 둘
> 째도 그와 같으니 네 이웃을 네 자
> 신 같이 사랑하라 하셨으니 이 두
> 계명이 온 율법과 선지자의 강령이
> 니라

5. 십계명의 머리말이 의미하는 것은 무엇입니까?

> 출 20:2 나는 너를 애굽 땅, 종 되었던 집에서 인
> 도하여 낸 네 하나님 여호와니라

웨스트민스터 소요리문답

제42문　　　십계명의 요약은 무엇입니까?

답
- 십계명의 요약은
  우리의 마음을 다하고 목숨을 다하고 힘을 다하고 뜻을 다하여
  주 우리 하나님을 사랑하고,
  또 이웃을 자기 자신같이 사랑하라는 것입니다.

제43문　　　십계명의 머리말은 무엇입니까?

답
- 십계명의 머리말은 "나는 너를 애굽 땅, 종 되었던 집에서 인도하여
  낸 네 하나님 여호와니라"입니다.

제44문　　　십계명의 머리말이 우리에게 가르치는 것은 무엇입니까?

답
- 십계명의 머리말이 우리에게 가르치는 것은
  하나님께서는 주가 되시고
  우리 하나님이 되시고
  구속자가 되시므로,
  우리가 마땅히 그분의 모든 계명을 지켜야 한다는 것입니다.

오늘 공부를 통해 새롭게 알게 된 것은 무엇입니까?

함께 도전하기

오늘 공부를 통해 새롭게 결단한 것은 무엇입니까?

함께 기도하기

서로의 기도 제목을 나누어 봅시다.

제34과
제1계명 (제45-48문)

1. 제1계명은 무엇입니까?

> 출 20:3 너는 나 외에는 다른 신들을 네게 두지
> 말라

2. 제1계명이 명하는 것은 무엇입니까?

> 신 26:17 네가 오늘 여호와를 네 하나님으로 인정
> 하고 또 그 도를 행하고 그의 규례와 명
> 령과 법도를 지키며 그의 소리를 들으라

> 시 29:2 여호와께 그의 이름에 합당한 영광을 돌
> 리며 거룩한 옷을 입고 여호와께 예배할
> 지어다

3. 제1계명이 금하는 것은 무엇입니까?

> 시 14:1 어리석은 자는 그의 마음에 이르기를 하
> 나님이 없다 하는도다 그들은 부패하고
> 그 행실이 가증하니 선을 행하는 자가 없
> 도다

> 롬 1:21 하나님을 알되 하나님을 영화롭게도 아니하며 감사하지도 아니하고 오히려 그 생각이 허망하여지며 미련한 마음이 어두워졌나니

> 마 6:24 한 사람이 두 주인을 섬기지 못할 것이니 혹 이를 미워하고 저를 사랑하거나 혹 이를 중히 여기고 저를 경히 여김이라 너희가 하나님과 재물을 겸하여 섬기지 못하느니라

4. 제1계명에서 '나 외에는"이라는 말씀이 우리에게 특별히 가르치는 것은 무엇입니까?

> 출 20:3 너는 나 외에는 다른 신들을 네게 두지 말라

웨스트민스터 소요리문답

제45문   제1계명은 무엇입니까?

답   • 제1계명은 " 너는 나 외에는 다른 신들을 네게 두지 말라"입니다.

제46문   제1계명이 명하는 것은 무엇입니까?

답   • 제1계명이 명하는 것은
하나님께서 유일하신 참 하나님이심과
우리의 하나님이심을 알고 인정하는 것과,
그에 합당하게 하나님을 경배하고 영화롭게 하라는 것입니다.

제47문   제1계명이 금하는 것은 무엇입니까?

답   • 제1계명이 금하는 것은
참 하나님을 부인하는 것,
곧 그분을 우리의 하나님으로 경배하지 않고 영화롭게 하지 않는 것
입니다.
그리고 오직 하나님께만 드려야 할 경배와 영광을
다른 자나 다른 것에게 돌리는 것입니다.

제48문   제1계명에서 "나 외에는"이라는 말씀이 우리에게 특별히 가르치는 것은 무엇입니까?

답   • 제1계명에서 "나 외에는"이라는 말씀이 우리에게 특별히 가르치는
것은
모든 것을 보고 계시는 하나님께서
우리가 조금이라도 다른 신을 섬기는 죄를
특히 눈여겨 보시고
매우 싫어하신다는 것입니다.

함께 나누기

오늘 공부를 통해 새롭게 알게 된 것은 무엇입니까?

함께 도전하기

오늘 공부를 통해 새롭게 결단한 것은 무엇입니까?

함께 기도하기

서로의 기도 제목을 나누어 봅시다.

제35과
제2계명 (제49-52문)

1. 제2계명은 무엇입니까?

> 출 20:4-5 너를 위하여 새긴 우상을 만들지 말고 또 위로 하늘에 있는 것이나 아래로 땅에 있는 것이나 땅 아래 물 속에 있는 것의 <u>어떤 형상도 만들지 말며</u> 그것들에게 절하지 말며 그것들을 섬기지 말라

2. 제2계명이 명하는 것은 무엇입니까?

> 신 12:32 내가 너희에게 명령하는 이 모든 말을 너희는 지켜 행하고 <u>그것에 가감하지 말</u>지니라

3. 제2계명이 금하는 것은 무엇입니까?

> 신 4:15 여호와께서 호렙 산 불길 중에서 너희에게 말씀하시던 날에 너희가 <u>어떤 형상도 보지 못하였은즉 너희는 깊이 삼가라</u>

레 10:1-2 아론의 아들 나답과 아비후가 각기 향
로를 가져다가 여호와께서 명령하시지
아니하신 다른 불을 담아 여호와 앞에
분향하였더니 불이 여호와 앞에서 나
와 그들을 삼키매 그들이 여호와 앞에
서 죽은지라

4. 제2계명을 지켜야 할 이유는 무엇입니까?

출 20:5-6 나 네 하나님 여호와는 질투하는 하나
님인즉 나를 미워하는 자의 죄를 갚되
아버지로부터 아들에게로 삼사 대까지
이르게 하거니와 나를 사랑하고 내 계
명을 지키는 자에게는 천 대까지 은혜
를 베푸느니라

웨스트민스터 소요리문답

제50문   제2계명이 명하는 것은 무엇입니까?

답
- 제2계명이 명하는 것은
하나님께서 그분의 말씀에서 정하신 대로
모든 종교적 경배와 규례를 받아서 준수하고,
순전하고 흠 없이 지키라는 것입니다.

제51문   제2계명이 금하는 것은 무엇입니까?

답
- 제2계명이 금하는 것은
하나님께 예배를 드릴 때에
형상을 사용하거나
혹은 하나님의 말씀에서 정하지 아니한 다른 방법을
조금이라도 사용하는 것입니다.

제52문   제2계명을 지킬 이유로 이어서 말씀하신 것은 무엇입니까?

답
- 제2계명을 지킬 이유로 이어서 말씀하신 것은
하나님께서 우리의 주권자이시고
우리의 소유주이시며
친히 정하신 대로 경배받기를 열망하신다는 것입니다.

함께 나누기

오늘 공부를 통해 새롭게 알게 된 것은 무엇입니까?

함께 도전하기

오늘 공부를 통해 새롭게 결단한 것은 무엇입니까?

함께 기도하기

서로의 기도 제목을 나누어 봅시다.

제36과
제3계명 (제53-56문)

1. 제3계명은 무엇입니까?

> 출 20:7 너는 네 하나님 여호와의 이름을 망령되
> 게 부르지 말라 여호와는 그의 이름을 망
> 령되게 부르는 자를 죄 없다 하지 아니하
> 리라

2. 제3계명이 명하는 것은 무엇입니까?

> 신 28:58 네가 만일 이 책에 기록한 이 율법의 모
> 든 말씀을 지켜 행하지 아니하고 네 하
> 나님 여호와라 하는 영화롭고 두려운 이
> 름을 경외하지 아니하면

3. 제3계명이 금하는 것은 무엇입니까?

레 19:12 너희는 내 이름으로 거짓 맹세함으로 네 하나님의 이름을 욕되게 하지 말라 나는 여호와이니라

4. 제3계명을 지켜야 할 이유는 무엇입니까?

출 20:7 너는 네 하나님 여호와의 이름을 망령되게 부르지 말라 여호와는 그의 이름을 망령되게 부르는 자를 죄 없다 하지 아니하리라

제53문 제3계명이 무엇입니까?

답
- 제3계명은 "너는 네 하나님 여호와의 이름을 망령되게 부르지 말라 여호와는 그의 이름을 망령되게 부르는 자를 죄 없다 하지 아니하리라"입니다.

제54문 제3계명이 명하는 것은 무엇입니까?

답
- 제3계명이 명하는 것은
하나님의 이름과 칭호와 속성과 규례와 말씀과 행사를
존경하는 마음으로 거룩하게 사용하라는 것입니다.

제55문 제3계명이 금하는 것은 무엇입니까?

답
- 제3계명이 금하는 것은
하나님께서 자기를 나타내시는 데 쓰시는 것을
속되게 하거나 잘못 사용하는 것입니다.

제56문 제3계명을 지킬 이유로 이어서 말씀하신 것은 무엇입니까?

답
- 제3계명을 지킬 이유로 이어서 말씀하신 것은
이 계명을 범한 자들이
비록 사람의 형벌은 피할 수 있어도,
여호와 우리 하나님의 의로운 심판은
피할 수 없다는 것입니다.

함께 나누기

오늘 공부를 통해 새롭게 알게 된 것은 무엇입니까?

함께 도전하기

오늘 공부를 통해 새롭게 결단한 것은 무엇입니까?

함께 기도하기

서로의 기도 제목을 나누어 봅시다.

제37과
제4계명 (제57-59문)

1. 제4계명은 무엇입니까?

> 출 20:8 안식일을 기억하여 거룩하게 지키라

2. 제4계명이 명하는 것은 무엇입니까?

> 출 20:8 안식일을 기억하여 거룩하게 지키라

3. 안식일은 언제입니까?

> 창 2:2 하나님이 그가 하시던 일을 일곱째 날에
> 마치시니 그가 하시던 모든 일을 그치고
> 일곱째 날에 안식하시니라

행 20:7 그 주간의 첫날에 우리가 떡을 떼려 하여 모였더니 바울이 이튿날 떠나고자 하여 그들에게 강론할새 말을 밤중까지 계속하매

고후 5:17 그런즉 누구든지 그리스도 안에 있으면 새로운 피조물이라 이전 것은 지나갔으니 보라 새 것이 되었도다

제57문 제4계명이 무엇입니까?

답 • 제4계명은
"안식일을 기억하여 거룩하게 지키라 엿새 동안은 힘써 네 모든 일
을 행할 것이나 일곱째 날은 네 하나님 여호와의 안식일인즉 너나
네 아들이나 네 딸이나 네 남종이나 네 여종이나 네 가축이나 네 문
안에 머무는 객이라도 아무 일도 하지 말라 이는 엿새 동안에 나 여
호와가 하늘과 땅과 바다와 그 가운데 모든 것을 만들고 일곱째 날
에 쉬었음이라 그러므로 나 여호와가 안식일을 복되게 하여 그 날을
거룩하게 하였느니라"입니다.

제58문 제4계명이 명하는 것은 무엇입니까?

답 • 제4계명이 명하는 것은
하나님께서 말씀으로 정하신 시간을 거룩하게 지키는 것,
곧 7일 중 하루를 종일토록
하나님께 거룩한 안식일로 지키라는 것입니다.

제59문 하나님께서 7일 중 어느 날을 매주의 안식일로 정하셨습니까?

답 • 창세로부터 그리스도의 부활까지는
매주의 일곱째 날을 안식일로 정하셨고,
그 후부터 세상의 끝 날까지는
매주의 첫째 날을 안식일로 정하셨는데,
이날이 그리스도인의 안식일입니다.

오늘 공부를 통해 새롭게 알게 된 것은 무엇입니까?

오늘 공부를 통해 새롭게 결단한 것은 무엇입니까?

서로의 기도 제목을 나누어 봅시다.

제38과
제4계명 (제60-62문)

1. 안식일을 거룩하게 지키는 방법은 무엇입니까?

> 출 20:10 일곱째 날은 네 하나님 여호와의 안식일
> 인즉 너나 네 아들이나 네 딸이나 네 남
> 종이나 네 여종이나 네 가축이나 네 문
> 안에 머무는 객이라도 <u>아무 일도 하지</u>
> <u>말라</u>

> 눅 4:16 예수께서 그 자라나신 곳 나사렛에 이르
> 사 안식일에 늘 하시던 대로 회당에 들어
> <u>가사 성경을 읽으려고 서시매</u>

마 12:1-5 그 때에 예수께서 안식일에 밀밭 사이로 가실새 제자들이 시장하여 이삭을 잘라 먹으니 바리새인들이 보고 예수께 말하되 보시오 당신의 제자들이 안식일에 하지 못할 일을 하나이다 예수께서 이르시되 다윗이 자기와 그 함께 한 자들이 시장할 때에 한 일을 읽지 못하였느냐 그가 하나님의 전에 들어가서 제사장 외에는 자기나 그 함께 한 자들이 먹어서는 안 되는 진설병을 먹지 아니하였느냐 또 안식일에 제사장들이 성전 안에서 안식을 범하여도 죄가 없음을 너희가 율법에서 읽지 못하였느냐

2. 제4계명이 금하는 것은 무엇입니까?

겔 22:26 그 제사장들은 내 율법을 범하였으며 나의 성물을 더럽혔으며 거룩함과 속된 것을 구별하지 아니하였으며 부정함과 정한 것을 사람이 구별하게 하지 아니하였으며 그의 눈을 가리어 나의 안식일을 보지 아니하였으므로 내가 그들 가운데에서 더럽힘을 받았느니라

겔 23:38 이 외에도 그들이 내게 행한 것이 있나니 당일에 내 성소를 더럽히며 내 안식일을 범하였도다

사 58:13-14 만일 안식일에 네 발을 금하여 내 성일에 오락을 행하지 아니하고 안식일을 일컬어 즐거운 날이라, 여호와의 성일을 존귀한 날이라 하여 이를 존귀하게 여기고 네 길로 행하지 아니하며 네 오락을 구하지 아니하며 사사로운 말을 하지 아니하면 네가 여호와 안에서 즐거움을 얻을 것이라 내가 너를 땅의 높은 곳에 올리고 네 조상 야곱의 기업으로 기르리라 여호와의 입의 말씀이니라

3. 제4계명을 지켜야 할 이유는 무엇입니까?

출 20:9 엿새 동안은 힘써 네 모든 일을 행할 것
이나

출 20:10 일곱째 날은 네 하나님 여호와의 안식일
인즉 너나 네 아들이나 네 딸이나 네 남
종이나 네 여종이나 네 가축이나 네 문
안에 머무는 객이라도 아무 일도 하지
말라

출 20:11 이는 엿새 동안에 나 여호와가 하늘과
땅과 바다와 그 가운데 모든 것을 만들
고 일곱째 날에 쉬었음이라

출 20:11 그러므로 나 여호와가 안식일을 복되게
하여 그 날을 거룩하게 하였느니라

제60문   안식일을 어떻게 거룩하게 지킬 수 있습니까?

답   • 우리는 그날 하루를 거룩하게 쉬고
　　다른 날에는 정당한 세상일과 오락까지 쉬고,
　　또한 그 모든 시간을
　　하나님께 공적으로나 개인적으로 예배드리는 데에 사용함으로써
　　안식일을 거룩하게 지킵니다.
　　다만 불가피한 일과 자비를 베푸는 일은 행할 수 있습니다.

제61문   제4계명이 금하는 것은 무엇입니까?

답   • 제4계명이 금하는 것은
　　명하신 의무를 이행하지 않거나
　　부주의하게 이행하는 것이며,
　　게으르거나
　　그 자체로 죄악적인 일을 하거나
　　또는 세상일과 오락에 관련된
　　불필요한 생각과 말과 일을 함으로써
　　그날을 더럽히는 것입니다.

제62문   제4계명을 지킬 이유로 이어서 말씀하신 것은 무엇입니까?

답   • 제4계명을 지킬 이유로 이어서 말씀하신 것은
　　우리 자신의 일을 하도록 6일을 허락하여 주셨고,
　　제7일을 하나님의 특별한 소유로 주장하셨고,
　　친히 모범을 보여주셨고,
　　안식일을 복 주신 것입니다.

함께 나누기	

오늘 공부를 통해 새롭게 알게 된 것은 무엇입니까?

함께 도전하기	

오늘 공부를 통해 새롭게 결단한 것은 무엇입니까?

함께 기도하기	

서로의 기도 제목을 나누어 봅시다.

제39과
제5계명 (제63-66문)

1. 제5계명은 무엇입니까?

> 출 20:12 네 부모를 공경하라

2. 제5계명이 요구하는 것은 무엇입니까?

> 벧전 2:17 뭇 사람을 공경하며 형제를 사랑하며
> 하나님을 두려워하며 왕을 존대하라

3. 제5계명이 금하는 것은 무엇입니까?

> 마 15:6 그 부모를 공경할 것이 없다 하여 너희의
> 전통으로 하나님의 말씀을 폐하는도다

> 겔 34:2 인자야 너는 이스라엘 목자들에게 예언
> 하라 그들 곧 목자들에게 예언하여 이르
> 기를 주 여호와께서 이같이 말씀하시되
> 자기만 먹는 이스라엘 목자들은 화 있을
> 진저 목자들이 양 떼를 먹이는 것이 마땅
> 하지 아니하냐

4. 제5계명을 지켜야 할 이유는 무엇입니까?

> 출 20:12 네 부모를 공경하라 그리하면 네 하나님
> 여호와가 네게 준 땅에서 네 생명이 길
> 리라

| 제63문 | 제5계명은 무엇입니까? |

답

- 제5계명은 "네 부모를 공경하라 그리하면 네 하나님 여호와가 네게 준 땅에서 네 생명이 길리라"입니다.

| 제64문 | 제5계명이 명하는 것은 무엇입니까? |

답

- 제5계명이 명하는 것은
  윗사람과 아랫사람, 그리고 동료와 같은,
  각각의 여러 지위와 인간 관계에서
  각 사람을 존중하고
  각 사람에 대한 의무를 수행하라는 것입니다.

| 제65문 | 제5계명이 금하는 것은 무엇입니까? |

답

- 제5계명이 금하는 것은
  각각의 여러 지위와 인간 관계에서
  각 사람을 존중하지 않고,
  각 사람에 대한 의무 수행하기를
  소홀히 하거나 거스르는 것입니다.

| 제66문 | 제5계명을 지킬 이유로 이어서 말씀하신 것은 무엇입니까? |

답

- 제5계명을 지킬 이유로 이어서 말씀하신 것은
  이 계명을 지키는 모든 사람이
  장수하고 번영하리라는 약속입니다.
  다만 하나님께 영광이 되고
  그들에게 선이 되는 한, 그렇습니다.

오늘 공부를 통해 새롭게 알게 된 것은 무엇입니까?

함께 도전하기

오늘 공부를 통해 새롭게 결단한 것은 무엇입니까?

함께 기도하기

서로의 기도 제목을 나누어 봅시다.

제40과
제6계명 (제67-69문)

1. 제6계명은 무엇입니까?

> 출 20:13 살인하지 말라

2. 제6계명이 명하는 것은 무엇입니까?

> 시 82:4 가난한 자와 궁핍한 자를 구원하여 악인
> 들의 손에서 건질지니라 하시는도다

3. 제6계명이 금하는 것은 무엇입니까?

> 마 5:22 나는 너희에게 이르노니 형제에게 노하
> 는 자마다 심판을 받게 되고 형제를 대하
> 여 라가라 하는 자는 공회에 잡혀가게 되
> 고 미련한 놈이라 하는 자는 지옥 불에
> 들어가게 되리라

> 요일 3:15 그 형제를 미워하는 자마다 살인하는
> 자니 살인하는 자마다 영생이 그 속
> 에 거하지 아니하는 것을 너희가 아
> 는 바라

웨스트민스터 소요리문답

제67문   제6계명은 무엇입니까?

답
- 제6계명은 "살인하지 말라"입니다.

제68문   제6계명이 명하는 것은 무엇입니까?

답
- 제6계명이 명하는 것은
  모든 정당한 노력을 기울여
  자기 자신과 다른 사람의 생명을 보존하라는 것입니다.

제69문   제6계명이 금하는 것은 무엇입니까?

답
- 제6계명이 금하는 것은
  자기 자신과 다른 사람의 생명을
  불의하게 빼앗거나
  죽음으로 이끄는 모든 것입니다.

오늘 공부를 통해 새롭게 알게 된 것은 무엇입니까?

함께 도전하기

오늘 공부를 통해 새롭게 결단한 것은 무엇입니까?

함께 기도하기

서로의 기도 제목을 나누어 봅시다.

제41과
제7계명 (제70-72문)

1. 제7계명은 무엇입니까?

> 출 20:14 간음하지 말라

2. 제7계명이 명하는 것은 무엇입니까?

> 고전 7:2-3 음행을 피하기 위하여 남자마다 자기 아내를 두고 여자마다 자기 남편을 두라 남편은 그 아내에 대한 의무를 다하고 아내도 그 남편에게 그렇게 할지라

3. 제7계명이 금하는 것은 무엇입니까?

> 마 5:28 나는 너희에게 이르노니 음욕을 품고 여
> 자를 보는 자마다 마음에 이미 간음하였
> 느니라

웨스트민스터 소요리문답

제70문   제7계명이 무엇입니까?

답   • 제7계명은 "간음하지 말라"입니다.

제71문   제7계명이 명하는 것은 무엇입니까?

답   • 제7계명이 명하는 것은
마음과 말과 행동에서
자기 자신과 이웃의 순결을 보존하라는 것입니다.

제72문   제7계명이 금하는 것은 무엇입니까?

답   • 제7계명이 금하는 것은
모든 순결하지 못한 생각과 말과 행동입니다.

함께 나누기

오늘 공부를 통해 새롭게 알게 된 것은 무엇입니까?

함께 도전하기

오늘 공부를 통해 새롭게 결단한 것은 무엇입니까?

함께 기도하기

서로의 기도 제목을 나누어 봅시다.

제42과
제8계명 (제73-75문)

1. 제8계명은 무엇입니까?

> 출 20:15 도둑질하지 말라

2. 제8계명이 명하는 것은 무엇입니까?

> 엡 4:28 도둑질하는 자는 다시 도둑질하지 말고
> 돌이켜 가난한 자에게 구제할 수 있도록
> 자기 손으로 수고하여 선한 일을 하라

3. 제8계명이 금하는 것은 무엇입니까?

> 살후 3:10 우리가 너희와 함께 있을 때에도 너희
> 에게 명하기를 누구든지 일하기 싫어
> 하거든 먹지도 말게 하라 하였더니

제73문	제8계명은 무엇입니까?

답 · 제8계명은 "도둑질하지 말라"입니다.

제74문	제8계명이 명하는 것은 무엇입니까?

답 · 제8계명이 명하는 것은
자기 자신이나 다른 사람의 부와 재산을
합법적인 방법으로 얻고 증진시키라는 것입니다.

제75문	제8계명이 금하는 것은 무엇입니까?

답 · 제8계명이 금하는 것은
자기 자신이나 이웃의 부와 재산에
부당하게 손해를 끼치거나
손해 끼칠 만한 일을 하는 것입니다.

함께 나누기

오늘 공부를 통해 새롭게 알게 된 것은 무엇입니까?

함께 도전하기

오늘 공부를 통해 새롭게 결단한 것은 무엇입니까?

함께 기도하기

서로의 기도 제목을 나누어 봅시다.

제43과
제9계명 (제76-78문)

1. 제9계명은 무엇입니까?

출 20:16 네 이웃에 대하여 거짓 증거하지 말라

2. 제9계명이 명하는 것은 무엇입니까?

슥 8:16 너희가 행할 일은 이러하니라 너희는 이 웃과 더불어 진리를 말하며 너희 성문에 서 진실하고 화평한 재판을 베풀고

잠 14:5 신실한 증인은 거짓말을 아니하여도 거 짓 증인은 거짓말을 뱉느니라

3. 제9계명이 금하는 것은 무엇입니까?

> 잠 19:5 거짓 증인은 벌을 면하지 못할 것이요 거
> 짓말을 하는 자도 피하지 못하리라

제76문 제9계명이 무엇입니까?

답 • 제9계명은
"네 이웃에 대하여 거짓 증거하지 말라"입니다.

제77문 제9계명이 명하는 것은 무엇입니까?

답 • 제9계명이 명하는 것은
사람 사이의 진실함과
자기 자신과 이웃의 명예를
보존하고 증진시키라는 것인데,
특히 증언할 때 그리하라는 것입니다.

제78문 제9계명이 금하는 것은 무엇입니까?

답 • 제9계명이 금하는 것은
무엇이든지 진실을 왜곡하거나
자기 자신과 이웃의 명예를 훼손하는 것입니다.

함께 나누기

오늘 공부를 통해 새롭게 알게 된 것은 무엇입니까?

함께 도전하기

오늘 공부를 통해 새롭게 결단한 것은 무엇입니까?

함께 기도하기

서로의 기도 제목을 나누어 봅시다.

제44과
제10계명 (제79-81문)

1. 제10계명은 무엇입니까?

> 출 20:17 네 이웃의 집을 탐내지 말라 네 이웃의 아내나 그의 남종이나 그의 여종이나 그의 소나 그의 나귀나 무릇 네 이웃의 소유를 탐내지 말라

2. 제10계명이 명하는 것은 무엇입니까?

> 딤전 6:6 그러나 자족하는 마음이 있으면 경건은 큰 이익이 되느니라

> 히 13:5 돈을 사랑하지 말고 있는 바를 족한 줄로 알라 그가 친히 말씀하시기를 내가 결코 너희를 버리지 아니하고 너희를 떠나지 아니하리라 하셨느니라

3. 제10계명이 금하는 것은 무엇입니까?

> 약 3:16 시기와 다툼이 있는 곳에는 혼란과 모든 악한 일이 있음이라

제79문   제10계명은 무엇입니까?

답
- 제10계명은
"네 이웃의 집을 탐내지 말라 네 이웃의 아내나 그의 남종이나 그의
여종이나 그의 소나 그의 나귀나 무릇 네 이웃의 소유를 탐내지 말
라"입니다.

제80문   제10계명이 명하는 것은 무엇입니까?

답
- 제10계명이 명하는 것은
자기 자신의 처지에 온전히 만족하고,
우리 이웃과 그의 모든 소유에 대하여
정당하고 잘되기 바라는 마음을 가지라는 것입니다.

제81문   제10계명이 금하는 것은 무엇입니까?

답
- 제10계명이 금하는 것은
자기 자신의 처지에 불만을 가지는 것과,
이웃의 잘됨을 시기하고 배 아파하는 것과,
이웃의 것에 대하여 조금이라도
부당한 마음과 욕심을 품는 것입니다.

오늘 공부를 통해 새롭게 알게 된 것은 무엇입니까?

함께 도전하기

오늘 공부를 통해 새롭게 결단한 것은 무엇입니까?

함께 기도하기

서로의 기도 제목을 나누어 봅시다.

제45과
사람의 한계 (제82-84문)

1. 사람이 하나님의 계명을 완전히 지킬 수 있습니까?

> 전 7:20 선을 행하고 전혀 죄를 범하지 아니하는
> 의인은 세상에 없기 때문이로다

> 창 8:21 여호와께서 그 향기를 받으시고 그 중심
> 에 이르시되 내가 다시는 사람으로 말미
> 암아 땅을 저주하지 아니하리니 이는 사
> 람의 마음이 계획하는 바가 어려서부터
> 악함이라 내가 전에 행한 것 같이 모든
> 생물을 다시 멸하지 아니하리니

2. 계명을 완전히 지킬 수 없는데, 왜 지키기 위해 노력해야 합니까?

> 요 19:11 예수께서 대답하시되 위에서 주지 아니
> 하셨더라면 나를 해할 권한이 없었으리
> 니 그러므로 나를 네게 넘겨 준 자의 죄
> 는 더 크다 하시니라

시 19:13 또 주의 종에게 고의로 죄를 짓지 말게
하사 그 죄가 나를 주장하지 못하게 하
소서 그리하면 내가 정직하여 큰 죄과에
서 벗어나겠나이다

3. 죄가 불러오는 결과는 무엇입니까?

애 3:39 살아 있는 사람은 자기 죄들 때문에 벌을
받나니 어찌 원망하랴

마 25:41 또 왼편에 있는 자들에게 이르시되 저주
를 받은 자들아 나를 떠나 마귀와 그 사
자들을 위하여 예비된 영원한 불에 들어
가라

| 제82문 | 사람이 하나님의 계명을 완전히 지킬 수 있습니까? |

| 답 | • 타락한 후로는 어떤 사람도
이 세상에서 하나님의 계명을 완전히 지킬 수 없고,
오히려 날마다 생각과 말과 행위로 계명을 어깁니다. |

| 제83문 | 계명을 범한 죄가 모두 똑같이 악합니까? |

| 답 | • 어떤 죄는 그 자체로서
그리고 거기서 파생되는 악영향 때문에
하나님 앞에서 다른 죄보다 더 악합니다. |

| 제84문 | 모든 죄마다 마땅히 받아야 할 보응은 무엇입니까? |

| 답 | • 모든 죄마다 마땅히 받아야 할 보응은
이 세상과 다음 세상에서
하나님의 진노와 저주를 받는 것입니다. |

함께 나누기

오늘 공부를 통해 새롭게 알게 된 것은 무엇입니까?

함께 도전하기

오늘 공부를 통해 새롭게 결단한 것은 무엇입니까?

함께 기도하기

서로의 기도 제목을 나누어 봅시다.

제46과
참된 믿음 (제85-86문)

1. 하나님의 진노와 저주를 피하는 길은 무엇입니까?

2. 참된 믿음은 무엇입니까?

> 요 1:12 영접하는 자 곧 그 이름을 믿는 자들에게는 하나님의 자녀가 되는 권세를 주셨으니

> 행 4:12 다른 이로써는 구원을 받을 수 없나니 천하 사람 중에 구원을 받을 만한 다른 이름을 우리에게 주신 일이 없음이라 하였더라

3. 예수님을 믿은 것이, 우리의 자랑거리가 될 수 있습니까?

> 엡 2:8-9 너희는 그 은혜에 의하여 믿음으로 말미암아 구원을 받았으니 이것은 너희에게서 난 것이 아니요 하나님의 선물이라 행위에서 난 것이 아니니 이는 누구든지 자랑하지 못하게 함이라

| 제84문 | 모든 죄마다 마땅히 받아야 할 보응은 무엇입니까? |

답

· 모든 죄마다 마땅히 받아야 할 보응은
이 세상과 다음 세상에서
하나님의 진노와 저주를 받는 것입니다.

| 제85문 | 우리의 죄로 인하여 마땅히 받아야 할 하나님의 진노와 저주를 피하게 하시려고 하나님께서 우리에게 요구하시는 것은 무엇입니까? |

답

· 우리의 죄로 인하여 마땅히 받아야 할
하나님의 진노와 저주를 피하게 하시려고
하나님께서 우리에게 요구하시는 것은
예수 그리스도를 믿고,
생명에 이르는 회개를 하며,
그리스도께서 우리에게 구속의 유익을 전달하시는
모든 외적인 은혜의 방편들을 부지런히 사용하는 것입니다.

| 제86문 | 예수 그리스도를 믿는 믿음이 무엇입니까? |

답

· 예수 그리스도를 믿는 믿음은 구원의 은혜인데,
이 은혜로 인하여 우리는
구원을 얻기 위하여
복음이 전하는 예수 그리스도를 영접하고
그분만을 의지합니다.

오늘 공부를 통해 새롭게 알게 된 것은 무엇입니까?

함께 도전하기

오늘 공부를 통해 새롭게 결단한 것은 무엇입니까?

함께 기도하기

서로의 기도 제목을 나누어 봅시다.

제47과
참된 회개 (제87문)

1. 참되게 회개하는 자에게 하나님은 무엇을 주십니까?

> 행 11:18 그들이 이 말을 듣고 잠잠하여 하나님께
> 영광을 돌려 이르되 그러면 하나님께서
> 이방인에게도 생명 얻는 회개를 주셨도
> 다 하니라

2. 어떤 사람이 참된 회개를 할 수 있습니까?

> 욜 2:13 너희는 옷을 찢지 말고 마음을 찢고 너희
> 하나님 여호와께로 돌아올지어다 그는
> 은혜로우시며 자비로우시며 노하기를 더
> 디하시며 인애가 크시사 뜻을 돌이켜 재
> 앙을 내리지 아니하시나니

3. 참된 회개란 무엇입니까?

> 렘 3:22 배역한 자식들아 돌아오라 내가 너희의
> 배역함을 고치리라 하시니라 보소서 우
> 리가 주께 왔사오니 주는 우리 하나님 여
> 호와이심이니이다

4. 참된 회개의 증거는 무엇입니까?

마 3:8 그러므로 회개에 합당한 열매를 맺고

시 119:59-60 내가 내 행위를 생각하고 주의 증거들을 향하여 내 발길을 돌이켰사오며 주의 계명들을 지키기에 신속히 하고 지체하지 아니하였나이다

5. 회개가 우리의 자랑거리가 될 수 있습니까?

행 11:18 그들이 이 말을 듣고 잠잠하여 하나님께 영광을 돌려 이르되 그러면 하나님께서 이방인에게도 생명 얻는 회개를 주셨도다 하니라

제87문   생명에 이르는 회개가 무엇입니까?

답
- 생명에 이르는 회개는 구원의 은혜인데,
  이 은혜로 인하여 죄인은 자기 죄를 바로 알고,
  그리스도 안에 있는 하나님의 자비를 깨달아,
  자기 죄를 슬퍼하고 미워함으로,
  죄에서 떠나 하나님께로 돌아가며
  새로운 순종을 목적으로 삼고 그것을 추구하는 것입니다.

오늘 공부를 통해 새롭게 알게 된 것은 무엇입니까?

오늘 공부를 통해 새롭게 결단한 것은 무엇입니까?

서로의 기도 제목을 나누어 봅시다.

제48과
은혜의 방편 (제88문)

1. 하나님께서 우리에게 은혜를 베푸시는 일반적인 방편은 무엇입니까?

2. 말씀과 성례와 기도가 누구에게나 은혜를 줍니까?

> 행 13:48 이방인들이 듣고 기뻐하여 하나님의 말
> 씀을 찬송하며 영생을 주시기로 작정된
> 자는 다 믿더라

제88문 그리스도께서 우리에게 구속의 유익을 전달하시는 일반적인 방편은 무엇입니까?

답 • 그리스도께서 우리에게 구속의 유익을 전달하시는 일반적인 방편은 그분의 모든 규례들, 특히 말씀과 성례와 기도입니다. 이 모든 것이 택함을 받은 사람들이 구원을 받는 데 효력이 있게 합니다.

함께 나누기

오늘 공부를 통해 새롭게 알게 된 것은 무엇입니까?

함께 도전하기

오늘 공부를 통해 새롭게 결단한 것은 무엇입니까?

함께 기도하기

서로의 기도 제목을 나누어 봅시다.

제49과
말씀을 통한 은혜 (제89문)

1. 어떻게 말씀이 은혜의 방편이 됩니까?

> 요 14:26 보혜사 곧 아버지께서 내 이름으로 보내
> 실 성령 그가 너희에게 모든 것을 가르
> 치고 내가 너희에게 말한 모든 것을 생
> 각나게 하리라

2. 언제 말씀이 은혜의 방편이 됩니까?

> 신 17:19 평생에 자기 옆에 두고 읽어 그의 하나
> 님 여호와 경외하기를 배우며 이 율법의
> 모든 말과 이 규례를 지켜 행할 것이라

> 느 8:8-9 하나님의 율법책을 낭독하고 그 뜻을
> 해석하여 백성에게 그 낭독하는 것을
> 다 깨닫게 하니 백성이 율법의 말씀을
> 듣고 다 우는지라

3. 왜 말씀이 은혜의 방편이 됩니까?

행 2:37 그들이 이 말을 듣고 마음에 찔려 베드로와 다른 사도들에게 물어 이르되 형제들아 우리가 어찌할꼬 하거늘

롬 1:16 내가 복음을 부끄러워하지 아니하노니 이 복음은 모든 믿는 자에게 구원을 주시는 하나님의 능력이 됨이라 먼저는 유대인에게요 그리고 헬라인에게로다

행 20:32 지금 내가 여러분을 주와 및 그 은혜의 말씀에 부탁하노니 그 말씀이 여러분을 능히 든든히 세우사 거룩하게 하심을 입은 모든 자 가운데 기업이 있게 하시리라

롬 15:4 무엇이든지 전에 기록된 바는 우리의 교훈을 위하여 기록된 것이니 우리로 하여금 인내로 또는 성경의 위로로 소망을 가지게 함이니라

제89문	말씀이 어떻게 구원을 위하여 효력 있게 됩니까?

답	• 하나님의 성령께서 말씀의 낭독, 특별히 설교를 효력 있는 방편으로 삼아 죄인을 책망하고 회개시키며, 또 믿음으로 말미암아 구원에 이르도록, 그들을 거룩함과 위로로 세우십니다.

오늘 공부를 통해 새롭게 알게 된 것은 무엇입니까?

함께 도전하기

오늘 공부를 통해 새롭게 결단한 것은 무엇입니까?

함께 기도하기

서로의 기도 제목을 나누어 봅시다.

제50과
말씀을 대하는 자세 (제90문)

1. 말씀을 읽고, 듣기 전에 무엇을 해야 합니까?

잠 8:34 누구든지 내게 들으며 날마다 내 문 곁에서 기다리며 문설주 옆에서 기다리는 자는 복이 있나니

벧전 2:1-2 그러므로 모든 악독과 모든 기만과 외식과 시기와 모든 비방하는 말을 버리고 갓난 아기들 같이 순전하고 신령한 젖을 사모하라 이는 그로 말미암아 너희로 구원에 이르도록 자라게 하려 함이라

시 119:18 내 눈을 열어서 주의 율법에서 놀라운 것을 보게 하소서

2. 말씀을 읽고, 들을 때 무엇을 해야 합니까?

히 4:2 그들과 같이 우리도 복음 전함을 받은 자이나 들은 바 그 말씀이 그들에게 유익하지 못한 것은 듣는 자가 믿음과 결부시키지 아니함이라

> 살후 2:10 또 온갖 불의한 속임수로 멸망을 받을
> 자들을 속일 것입니다. 그것은, 멸망을
> 받을 자들이 자기를 구원하여 줄 진리
> 에 대한 사랑을 받아들이지 않기 때문
> 입니다 (새번역)

3. 말씀을 읽고, 들은 다음에 무엇을 해야 합니까?

> 시 119:11 내가 주님께 범죄하지 않으려고, 주님
> 의 말씀을 내 마음 속에 깊이 간직합
> 니다

> 약 1:25 자유롭게 하는 온전한 율법을 들여다보
> 고 있는 자는 듣고 잊어버리는 자가 아니
> 요 실천하는 자니 이 사람은 그 행하는
> 일에 복을 받으리라

제90문   말씀을 어떻게 읽고 들어야 구원에 이르는 효력이 있습니까?

답   • 말씀이 구원에 이르는 효력이 되기 위해
         우리는 부지런함과 준비와 기도로 말씀에 주의를 기울여야 하며,
         믿음과 사랑으로 받아야 하며,
         그 말씀을 우리 마음에 두고
         우리 삶에서 실천해야 합니다.

함께 나누기

오늘 공부를 통해 새롭게 알게 된 것은 무엇입니까?

함께 도전하기

오늘 공부를 통해 새롭게 결단한 것은 무엇입니까?

함께 기도하기

서로의 기도 제목을 나누어 봅시다.

제51과
성례를 통한 은혜 (제91문)

1. 성례의 은혜는 어디서 오는 것이 아닙니까?

고전 11:27 그러므로 누구든지 주의 떡이나 잔을 합당하지 않게 먹고 마시는 자는 주의 몸과 피에 대하여 죄를 짓는 것이니라

고전 3:7 그런즉 심는 이나 물 주는 이는 아무 것도 아니로되 오직 자라게 하시는 이는 하나님뿐이니라

2. 성례의 은혜는 어디서 오는 것입니까?

마 28:19 그러므로 너희는 가서 모든 민족을 제자로 삼아 아버지와 아들과 성령의 이름으로 세례를 베풀고

소요리문답 제자훈련

고전 12:13 우리가 유대인이나 헬라인이나 종이
나 자유인이나 다 한 성령으로 세례를
받아 한 몸이 되었고 또 다 한 성령을
마시게 하셨느니라

3. 성령님은 어떤 자에게 성례를 통해 은혜를 주십니까?

고전 11:27 그러므로 누구든지 주의 떡이나 잔을
합당하지 않게 먹고 마시는 자는 주의
몸과 피에 대하여 죄를 짓는 것이니라

웨스트민스터 소요리문답

제91문   성례가 어떻게 구원을 위하여 효력 있게 됩니까?

답   • 성례가 구원을 위하여 효력 있게 되는 것은
성례 자체에나
성례를 시행하는 사람에게 어떤 덕이 있어서가 아니라,
오직 그리스도의 축복하심과
성례를 믿음으로 받는 자들 안에 거하시는
그리스도의 영의 역사하심 때문입니다.

함께 나누기

오늘 공부를 통해 새롭게 알게 된 것은 무엇입니까?

함께 도전하기

오늘 공부를 통해 새롭게 결단한 것은 무엇입니까?

함께 기도하기

서로의 기도 제목을 나누어 봅시다.

제52과
성례의 정의와 종류 (제92-93문)

1. 성례는 무엇입니까?

> 마 28:19 그러므로 너희는 가서 모든 민족을 제자
> 로 삼아 아버지와 아들과 성령의 이름으
> 로 세례를 베풀고

2. 성례는 무엇을 보여줍니까?

> 행 2:38 베드로가 이르되 너희가 회개하여 각각
> 예수 그리스도의 이름으로 세례를 받고
> 죄 사함을 받으라 그리하면 성령의 선물
> 을 받으리니

고전 10:16 우리가 축복하는 바 축복의 잔은 그리
스도의 피에 참여함이 아니며 우리가
떼는 떡은 그리스도의 몸에 참여함이
아니냐

제52과 **성례의 정의와 종류 (제92-93문)**

3. 성례의 유익은 무엇입니까?

고전 11:26 너희가 이 떡을 먹으며 이 잔을 마실 때마다 <u>주의 죽으심</u>을 그가 오실 때까지 전하는 것이니라

롬 4:11 그가 할례의 표를 받은 것은 무할례시에 믿음으로 된 <u>의</u>를 인친 것이니 이는 무할례자로서 믿는 모든 자의 조상이 되어 그들도 의로 여기심을 얻게 하려 하심이라

요 6:56 내 살을 먹고 내 피를 마시는 자는 내 안에 거하고 <u>나도 그의 안에 거하나니</u>

4. 신약의 성례는 무엇입니까?

> 마 28:19 그러므로 너희는 가서 모든 민족을 제자
> 로 삼아 아버지와 아들과 성령의 이름으
> 로 세례를 베풀고

> 마 26:26-28 그들이 먹을 때에 예수께서 떡을 가
> 지사 축복하시고 떼어 제자들에게
> 주시며 이르시되 받아서 먹으라 이
> 것은 내 몸이니라 하시고 또 잔을
> 가지사 감사 기도 하시고 그들에게
> 주시며 이르시되 너희가 다 이것을
> 마시라 이것은 죄 사함을 얻게 하려
> 고 많은 사람을 위하여 흘리는 바
> 나의 피 곧 언약의 피니라

웨스트민스터 소요리문답

제92문	성례는 무엇입니까?

답	• 성례는 그리스도께서 제정하신 거룩한 예식인데, 이 예식 가운데 그리스도와 새 언약의 유익이 눈에 보이는 표로써 믿는 사람에게 나타나고 인 쳐지며 적용됩니다.

제93문	신약의 성례는 무엇입니까?

답	• 신약의 성례는 세례와 성찬입니다.

함께 나누기

오늘 공부를 통해 새롭게 알게 된 것은 무엇입니까?

함께 도전하기

오늘 공부를 통해 새롭게 결단한 것은 무엇입니까?

함께 기도하기

서로의 기도 제목을 나누어 봅시다.

제53과
세례의 의미 (제94문)

1. 누구의 이름으로 세례를 받아야 합니까?

> 마 28:19 그러므로 너희는 가서 모든 민족을 제자
> 로 삼아 아버지와 아들과 성령의 이름으
> 로 세례를 베풀고

2. 왜 삼위 하나님의 이름으로 세례를 받아야 합니까?

> 고전 1:13 그리스도께서 어찌 나뉘었느냐 바울이
> 너희를 위하여 십자가에 못 박혔으며
> 바울의 이름으로 너희가 세례를 받았
> 느냐

> 마 28:19 그러므로 너희는 가서 모든 민족을 제자
> 로 삼아 아버지와 아들과 성령의 이름으
> 로 세례를 베풀고

3. 세례의 물이 의미하는 것은 무엇입니까?

> 엡 5:26 이는 곧 물로 씻어 말씀으로 깨끗하게 하
> 사 거룩하게 하시고

4. 세례가 표시하고 인치는 것은 무엇입니까?

> 요 15:5 나는 포도나무요 너희는 가지라

> 갈 3:27 누구든지 그리스도와 합하기 위하여 세
> 례를 받은 자는 그리스도로 옷 입었느니
> 라

5. 예수님과 연합된 자들이 누리는 유익은 무엇입니까?

행 2:38 베드로가 이르되 너희가 회개하여 각각 예수 그리스도의 이름으로 세례를 받고 죄 사함을 받으라 그리하면 성령의 선물을 받으리니

갈 3:26-27 너희가 다 믿음으로 말미암아 그리스도 예수 안에서 하나님의 아들이 되었으니 누구든지 그리스도와 합하기 위하여 세례를 받은 자는 그리스도로 옷 입었느니라

롬 6:4-5 우리가 그의 죽으심과 합하여 세례를 받음으로 그와 함께 장사되었나니… 만일 우리가 그의 죽으심과 같은 모양으로 연합한 자가 되었으면 또한 그의 부활과 같은 모양으로 연합한 자도 되리라

고전 12:13 우리가 유대인이나 헬라인이나 종이나 자유인이나 다 한 성령으로 세례를 받아 한 몸이 되었고 또 다 한 성령을 마시게 하셨느니라

6. 우리가 세례를 통해 고백하는 것은 무엇입니까?

> 롬 6:4 그러므로 우리가 그의 죽으심과 합하여 세
> 례를 받음으로 그와 함께 장사되었나니 이
> 는 아버지의 영광으로 말미암아 그리스도
> 를 죽은 자 가운데서 살리심과 같이 우리
> 로 또한 새 생명 가운데서 행하게 하려 함
> 이라

웨스트민스터 소요리문답

제94문   세례는 무엇입니까?

답

- 세례는
성부와 성자와 성령의 이름으로
물로써 씻는 성례인데,
우리가 그리스도에게 접붙여짐과
은혜 언약의 유익에 참여함과
주님의 소유가 되기로 약속함을
표하고 인치는 것입니다.

오늘 공부를 통해 새롭게 알게 된 것은 무엇입니까?

함께 도전하기

오늘 공부를 통해 새롭게 결단한 것은 무엇입니까?

함께 기도하기

서로의 기도 제목을 나누어 봅시다.

제54과
세례의 대상 (제95문)

1. 누구나 세례를 받을 수 있습니까?

> 엡 2:12 그 때에 너희는 그리스도 밖에 있었고 이스라엘 나라 밖의 사람이라 약속의 언약들에 대하여는 외인이요 세상에서 소망이 없고 하나님도 없는 자이더니

2. 누가 세례를 받을 수 있습니까?

> 막 16:15-16 또 이르시되 너희는 온 천하에 다니며 만민에게 복음을 전파하라 믿고 세례를 받는 사람은 구원을 얻을 것이요 믿지 않는 사람은 정죄를 받으리라

3. 유형 교회 회원들의 유아들도 세례를 받을 수 있습니까?

창 17:10 너희 중 남자는 다 할례를 받으라 이것
이 나와 너희와 너희 후손 사이에 지킬
내 언약이니라

창 17:12 난 지 팔 일 만에 할례를 받을 것이라

창 17:7 내가 내 언약을 나와 너 및 네 대대 후손
사이에 세워서 영원한 언약을 삼고 너와
네 후손의 하나님이 되리라

제95문	누구에게 세례를 베풀어야 합니까?

답	• 세례는 유형 교회 밖에 있는 사람에게는 베풀어서는 안 되고, 그들이 그리스도에 대한 믿음과 순종을 고백할 때 베풀어야 합니다. 그리고 유형 교회 회원들의 유아들도 세례를 받아야 합니다.

함께 나누기

오늘 공부를 통해 새롭게 알게 된 것은 무엇입니까?

함께 도전하기

오늘 공부를 통해 새롭게 결단한 것은 무엇입니까?

함께 기도하기

서로의 기도 제목을 나누어 봅시다.

제55과
주님의 성찬 (제96문)

1. 누가 성찬을 제정하셨습니까?

> 고전 11:23 내가 너희에게 전한 것은 주께 받은 것이니 곧
> 주 예수께서 잡히시던 밤에 떡을 가지사

2. 성찬식 때 무엇을 주고받습니까?

> 눅 22:19-20 또 떡을 가져 감사 기도 하시고 떼어 그들에게
> 주시며 이르시되 이것은 너희를 위하여 주는
> 내 몸이라 너희가 이를 행하여 나를 기념하라
> 하시고 저녁 먹은 후에 잔도 그와 같이 하여
> 이르시되 이 잔은 내 피로 세우는 새 언약이니
> 곧 너희를 위하여 붓는 것이라

3. 떡과 포도주가 나타내 보이는 것은 무엇입니까?

> 눅 22:19-20 또 떡을 가져 감사 기도 하시고 떼어 그들에게
> 주시며 이르시되 이것은 너희를 위하여 주는
> 내 몸이라 너희가 이를 행하여 나를 기념하라
> 하시고 저녁 먹은 후에 잔도 그와 같이 하여
> 이르시되 이 잔은 내 피로 세우는 새 언약이니
> 곧 너희를 위하여 붓는 것이라

4. 성찬식 때 실제 예수님의 몸이 임재합니까?

눅 22:19 또 떡을 가져 감사 기도 하시고 떼어 그들에게 주시며 이르시되 이것은 너희를 위하여 주는 내 몸이라 너희가 이를 행하여 나를 기념하라 하시고

고전 10:4 그 반석은 곧 그리스도시라

5. 예수님은 성찬식 때 어떻게 임재하십니까?

마 28:19-20 그러므로 너희는 가서 모든 민족을 제자로 삼아 아버지와 아들과 성령의 이름으로 세례를 베풀고 내가 너희에게 분부한 모든 것을 가르쳐 지키게 하라 볼지어다 내가 세상 끝날까지 너희와 항상 함께 있으리라 하시니라

6. 예수님의 영적 임재를 믿는 자들에게 일어나는 일은 무엇입니까?

고전 1:18 십자가의 도가 멸망하는 자들에게는 미련한 것이요 구원을 받는 우리에게는 하나님의 능력이라

요 6:56 내 살을 먹고 내 피를 마시는 자는 내 안에 거하고 나도 그의 안에 거하나니

요 6:55 내 살은 참된 양식이요 내 피는 참된 음료로다

고전 10:17 떡이 하나요 많은 우리가 한 몸이니 이는 우리가 다 한 떡에 참여함이라

제96문   성찬은 무엇입니까?

답

- 성찬은
  그리스도께서 제정하신 대로
  떡과 포도주를 주고받음으로써
  그리스도의 죽으심을 나타내 보이는 성례입니다.
  성찬을 합당하게 받는 사람은
  육체적이고 물질적인 방법으로써가 아니라
  믿음으로써 그리스도의 몸과 피에 참여하는 자가 되어
  주님의 모든 유익을 받고,
  영적인 양식을 먹어,
  은혜 안에서 성장합니다.

오늘 공부를 통해 새롭게 알게 된 것은 무엇입니까?

함께 도전하기

오늘 공부를 통해 새롭게 결단한 것은 무엇입니까?

함께 기도하기

서로의 기도 제목을 나누어 봅시다.

제56과
성찬에 합당하게 참여하는 방법 (제97문)

1. 성찬을 합당하게 받으려면 어떻게 해야 합니까?

고전 11:29 주의 몸을 분별하지 못하고 먹고 마시
는 자는 자기의 죄를 먹고 마시는 것
이니라

요 6:35 예수께서 이르시되 나는 생명의 떡이니
내게 오는 자는 결코 주리지 아니할 터이
요 나를 믿는 자는 영원히 목마르지 아니
하리라

마 26:28 이것은 죄 사함을 얻게 하려고 많은 사
람을 위하여 흘리는 바 나의 피 곧 언약
의 피니라

요 13:34 새 계명을 너희에게 주노니 서로 사랑하
라 내가 너희를 사랑한 것 같이 너희도
서로 사랑하라

> 고전 5:7 너희는 누룩 없는 자인데 새 덩어리가
> 되기 위하여 묵은 누룩을 내버리라 우리
> 의 유월절 양 곧 그리스도께서 희생되셨
> 느니라

2. 성찬을 합당하게 받지 않으면 어떻게 됩니까?

> 고전 11:29-30 주의 몸을 분별하지 못하고 먹고
> 마시는 자는 자기의 죄를 먹고 마
> 시는 것이니라 그러므로 너희 중
> 에 약한 자와 병든 자가 많고 잠
> 자는 자도 적지 아니하니

웨스트민스터 소요리문답

제97문	성찬을 합당하게 받으려면 어떻게 해야 합니까?

답

- 성찬에 합당하게 참여하려는 사람은
주님의 몸을 분별하는 지식이 있는지,
주님을 양식으로 삼는 믿음이 있는지,
회개와 사랑과 새로운 순종이 있는지 스스로 살펴야 합니다.
그렇지 않으면 합당하지 않게 참여함으로
자기에게 임할 심판을 먹고 마시게 됩니다.

함께 나누기

함께 나누기

오늘 공부를 통해 새롭게 알게 된 것은 무엇입니까?

함께 도전하기

오늘 공부를 통해 새롭게 결단한 것은 무엇입니까?

함께 기도하기

서로의 기도 제목을 나누어 봅시다.

제57과
기도 (제98문)

1. 기도는 무엇입니까?

시 10:17 여호와여 주는 겸손한 자의 소원을 들으
셨사오니 그들의 마음을 준비하시며 귀
를 기울여 들으시고

시 62:8 백성들아 시시로 그를 의지하고 그의 앞
에 마음을 토하라 하나님은 우리의 피난
처시로다 (셀라)

마 7:7 구하라 그리하면 너희에게 주실 것이요 찾
으라 그리하면 찾아낼 것이요 문을 두드리
라 그리하면 너희에게 열릴 것이니

2. 우리는 누구를 의지하여 하나님께 기도해야 합니까?

요 16:23-24 내가 진실로 진실로 너희에게 이르
　　　　　노니 너희가 무엇이든지 아버지께
　　　　　구하는 것을 내 이름으로 주시리라
　　　　　지금까지는 너희가 내 이름으로 아
　　　　　무 것도 구하지 아니하였으나 구하
　　　　　라 그리하면 받으리니 너희 기쁨이
　　　　　충만하리라

3. 하나님께 어떤 것을 구해야 합니까?

> 마 26:39 조금 나아가사 얼굴을 땅에 대시고 엎드려 기도하여 이르시되 내 아버지여 만일 할 만하시거든 이 잔을 내게서 지나가게 하옵소서 그러나 나의 원대로 마시옵고 아버지의 원대로 하옵소서 하시고

> 요일 5:14 그를 향하여 우리가 가진 바 담대함이 이것이니 그의 뜻대로 무엇을 구하면 들으심이라

4. 기도할 때 무엇을 고백해야 합니까?

> 시 66:18-19 내가 나의 마음에 죄악을 품었더라면 주께서 듣지 아니하시리라 그러나 하나님이 실로 들으셨음이여 내 기도 소리에 귀를 기울이셨도다

> 빌 4:6 아무 것도 염려하지 말고 다만 모든 일에 기도와 간구로, 너희 구할 것을 감사함으로 하나님께 아뢰라

웨스트민스터 소요리문답

<table>
<tr><td>제98문</td><td>기도가 무엇입니까?</td></tr>
</table>

답
- 기도는 그리스도의 이름으로
  우리의 소원을 하나님께 올리는 것인데,
  하나님의 뜻에 맞는 것을 구하고,
  우리의 죄를 고백하고
  하나님의 자비를 감사하며 인정하는 것입니다.

함께 나누기

오늘 공부를 통해 새롭게 알게 된 것은 무엇입니까?

함께 도전하기

오늘 공부를 통해 새롭게 결단한 것은 무엇입니까?

함께 기도하기

서로의 기도 제목을 나누어 봅시다.

제58과
기도의 법칙 (제99문)

1. 하나님의 뜻대로 기도하기 위해서는 무엇을 알아야 합니까?

잠 28:9 사람이 귀를 돌려 율법을 듣지 아니하면
그의 기도도 가증하니라

2. 기도에 관한 가장 권위 있는 가르침은 무엇입니까?

눅 11:1-2 예수께서 한 곳에서 기도하시고 마치
시매 제자 중 하나가 여짜오되 주여 요
한이 자기 제자들에게 기도를 가르친
것과 같이 우리에게도 가르쳐 주옵소
서 예수께서 이르시되 너희는 기도할
때에 이렇게 하라

3. 주기도문은 어떻게 구성되어 있습니까?

마 6:9 하늘에 계신 우리 아버지여

마 6:9 이름이 거룩히 여김을 받으시오며

마 6:10 나라가 임하시오며

마 6:10 뜻이 하늘에서 이루어진 것 같이 땅에서
도 이루어지이다

마 6:11 오늘 우리에게 일용할 양식을 주시옵고

마 6:12 우리가 우리에게 죄 지은 자를 사하여 준
것 같이 우리 죄를 사하여 주시옵고

마 6:13 우리를 시험에 들게 하지 마시옵고 다만
악에서 구하시옵소서

마 6:13 나라와 권세와 영광이 아버지께 영원히
있사옵나이다 아멘

웨스트민스터 소요리문답

제99문

우리의 기도를 지도하시려고 하나님께서 우리에게 주신 법칙은 무엇입니까?

답

• 하나님의 말씀 전체가 우리가 기도하는데 지침으로 사용됩니다. 다만 특별한 법칙은 그리스도께서 제자들에게 가르쳐 주신 기도, 곧 일반적으로 주기도문이라고 부르는 것입니다.

오늘 공부를 통해 새롭게 알게 된 것은 무엇입니까?

오늘 공부를 통해 새롭게 결단한 것은 무엇입니까?

서로의 기도 제목을 나누어 봅시다.

제59과
주기도문의 머리말 (제100문)

1. 주기도문의 머리말은 무엇입니까?

마 6:9 하늘에 계신 우리 아버지여

2. '아버지'가 의미하는 것은 무엇입니까?

> 요 1:12 영접하는 자 곧 그 이름을 믿는 자들에게
> 는 하나님의 자녀가 되는 권세를 주셨으니

> 마 7:9-11 너희 중에 누가 아들이 떡을 달라 하는
> 데 돌을 주며 생선을 달라 하는데 뱀을
> 줄 사람이 있겠느냐 너희가 악한 자라
> 도 좋은 것으로 자식에게 줄 줄 알거든
> 하물며 하늘에 계신 너희 아버지께서
> 구하는 자에게 좋은 것으로 주시지 않
> 겠느냐

3. '하늘'이 의미하는 것은 무엇입니까?

전 5:2 너는 하나님 앞에서 함부로 입을 열지 말
며 급한 마음으로 말을 내지 말라 하나님
은 하늘에 계시고 너는 땅에 있음이니라
그런즉 마땅히 말을 적게 할 것이라

엡 3:20 우리 가운데서 역사하시는 능력대로 우
리가 구하거나 생각하는 모든 것에 더 넘
치도록 능히 하실 이에게

4. '우리'가 의미하는 것은 무엇입니까?

> 히 10:25 모이기를 폐하는 어떤 사람들의 습관과
> 같이 하지 말고 오직 권하여 그 날이 가
> 까움을 볼수록 더욱 그리하자

> 엡 6:18 모든 기도와 간구를 하되 항상 성령 안에
> 서 기도하고 이를 위하여 깨어 구하기를
> 항상 힘쓰며 여러 성도를 위하여 구하라

웨스트민스터 소요리문답

제100문	주기도문의 머리말이 우리에게 가르치는 것은 무엇입니까?

답

• "하늘에 계신 우리 아버지여"라는
주기도문의 머리말이 우리에게 가르치는 것은,
자녀들이 아버지에게 나아가는 것처럼,
우리를 도와줄 능력과 마음이 있는 하나님께
거룩한 공경심과 확신을 가지고 나아갈 것을 가르칩니다.
또한 우리가 다른 사람과 함께 기도하고
다른 사람을 위하여 기도할 것을 가르칩니다.

오늘 공부를 통해 새롭게 알게 된 것은 무엇입니까?

함께 도전하기

오늘 공부를 통해 새롭게 결단한 것은 무엇입니까?

함께 기도하기

서로의 기도 제목을 나누어 봅시다.

1. 주기도문의 첫째 간구는 무엇을 위한 기도입니까?

> 마 6:9 이름이 거룩히 여김을 받으시오며

2. 하나님의 이름이 거룩하게 여김 받는 것은 무엇입니까?

> 시 96:8 여호와의 이름에 합당한 영광을 그에게
> 돌릴지어다 예물을 들고 그의 궁정에 들
> 어갈지어다

> 시 100:3-4 여호와가 우리 하나님이신 줄 너희는
> 알지어다 그는 우리를 지으신 이요
> 우리는 그의 것이니 그의 백성이요
> 그의 기르시는 양이로다 감사함으로
> 그의 문에 들어가며 찬송함으로 그의
> 궁정에 들어가서 그에게 감사하며 그
> 의 이름을 송축할지어다

3. 하나님의 영광이 훼손될 때 우리는 어떻게 해야 합니까?

시 83:1-2 하나님이여 침묵하지 마소서 하나님이
여 잠잠하지 마시고 조용하지 마소서
무릇 주의 원수들이 떠들며 주를 미워
하는 자들이 머리를 들었나이다

웨스트민스터 소요리문답

제101문	첫째 간구에서 우리는 무엇을 위하여 기도합니까?
답	• "이름이 거룩히 여김을 받으시오며"라는 첫째 간구에서 우리는 하나님께서 자기를 알리시는 모든 일에서 우리와 다른 사람들이 하나님을 영화롭게 하도록 하시고, 모든 것이 하나님께 영광이 되도록 섭리해 주실 것을 기도합니다.

함께 나누기

오늘 공부를 통해 새롭게 알게 된 것은 무엇입니까?

함께 도전하기

오늘 공부를 통해 새롭게 결단한 것은 무엇입니까?

함께 기도하기

서로의 기도 제목을 나누어 봅시다.

제61과
주기도문의 둘째 간구 (제102문)

1. 주기도문의 둘째 간구는 무엇을 위한 기도입니까?

> 마 6:10 나라가 임하시오며

2. 하나님의 나라가 임하기를 기도하는 것은 무엇입니까?

> 마 12:28 그러나 내가 하나님의 성령을 힘입어 귀
> 신을 쫓아내는 것이면 하나님의 나라가
> 이미 너희에게 임하였느니라

> 마 24:14 이 천국 복음이 모든 민족에게 증언되기
> 위하여 온 세상에 전파되리니 그제야 끝
> 이 오리라

눅 22:32 그러나 내가 너를 위하여 네 믿음이 떨어지지 않기를 기도하였노니 너는 돌이킨 후에 네 형제를 굳게 하라

계 22:20 이것들을 증언하신 이가 이르시되 내가 진실로 속히 오리라 하시거늘 아멘 주 예수여 오시옵소서

웨스트민스터 소요리문답

제102문	둘째 간구에서 우리는 무엇을 위하여 기도합니까?
답	• "나라가 임하시오며"라는 둘째 간구에서 우리는 사탄의 나라가 멸망하고, 은혜의 나라가 흥왕하여서 우리와 다른 사람들이 거기 들어가 지켜 주심을 받고, 또한 영광의 나라가 속히 임하기를 기도합니다.

오늘 공부를 통해 새롭게 알게 된 것은 무엇입니까?

함께 도전하기

오늘 공부를 통해 새롭게 결단한 것은 무엇입니까?

함께 기도하기

서로의 기도 제목을 나누어 봅시다.

제62과
주기도문의 셋째 간구 (제103문)

1. 주기도문의 셋째 간구는 무엇을 위한 기도입니까?

> 마 6:10 뜻이 하늘에서 이루어진 것 같이 땅에서
> 도 이루어지이다

2. 하늘에서는 어떤 일이 일어나고 있습니까?

> 시 103:20-21 능력이 있어 여호와의 말씀을 행하
> 며 그의 말씀의 소리를 듣는 여호
> 와의 천사들이여 여호와를 송축하
> 라 그에게 수종들며 그의 뜻을 행
> 하는 모든 천군이여 여호와를 송축
> 하라

3. 우리의 뜻은 어떠합니까?

> 엡 5:17 그러므로 어리석은 자가 되지 말고 오직
> 주의 뜻이 무엇인가 이해하라

렘 17:9 만물보다 거짓되고 심히 부패한 것은 마음이라 누가 능히 이를 알리요마는

마 15:19 마음에서 나오는 것은 악한 생각과 살인과 간음과 음란과 도둑질과 거짓 증언과 비방이니

4. 우리는 누구의 뜻이 이루어지기를 기도해야 합니까?

마 26:39 조금 나아가사 얼굴을 땅에 대시고 엎드려 기도하여 이르시되 내 아버지여 만일 할 만하시거든 이 잔을 내게서 지나가게 하옵소서 그러나 나의 원대로 마시옵고 아버지의 원대로 하옵소서 하시고

제103문	셋째 간구에서 우리는 무엇을 위하여 기도합니까?

답

- "뜻이 하늘에서 이루어진 것 같이 땅에서도 이루어지이다"라는
  셋째 간구에서 우리는
  하나님께서 은혜를 베풀어 주셔서
  우리로 하여금 즐거운 마음으로,
  하늘에서 천사들이 하듯이,
  모든 일에서 하나님의 뜻을 알고,
  순종하고 복종하게 해 달라고 기도합니다.

오늘 공부를 통해 새롭게 알게 된 것은 무엇입니까?

함께 도전하기

오늘 공부를 통해 새롭게 결단한 것은 무엇입니까?

함께 기도하기

서로의 기도 제목을 나누어 봅시다.

제63과
주기도문의 넷째 간구 (제104문)

1. 주기도문의 넷째 간구는 무엇을 위한 기도입니까?

> 마 6:11 오늘 우리에게 일용할 양식을 주시옵고

2. '양식'이 의미하는 것은 무엇입니까?

> 빌 4:19 나의 하나님이 그리스도 예수 안에서 영광 가운데 그 풍성한 대로 너희 모든 쓸 것을 채우시리라

3. '일용할 양식'이 의미하는 것은 무엇입니까?

> 잠 30:8 곧 헛된 것과 거짓말을 내게서 멀리 하옵시며 나를 가난하게도 마옵시고 부하게도 마옵시고 오직 필요한 양식으로 나를 먹이시옵소서

> 딤전 6:8 우리가 먹을 것과 입을 것이 있은즉 족
> 한 줄로 알 것이니라

4. 왜 꼭 필요한 만큼 구해야 합니까?

> 잠 30:8-9 곧 헛된 것과 거짓말을 내게서 멀리 하
> 옵시며 나를 가난하게도 마옵시고 부
> 하게도 마옵시고 오직 필요한 양식으
> 로 나를 먹이시옵소서 혹 내가 배불러
> 서 하나님을 모른다 여호와가 누구냐
> 할까 하오며 혹 내가 가난하여 도둑질
> 하고 내 하나님의 이름을 욕되게 할까
> 두려워함이니이다

> 딤전 6:8-10 우리가 먹을 것과 입을 것이 있은즉
> 족한 줄로 알 것이니라 부하려 하는
> 자들은 시험과 올무와 여러 가지 어
> 리석고 해로운 욕심에 떨어지나니
> 곧 사람으로 파멸과 멸망에 빠지게
> 하는 것이라 돈을 사랑함이 일만 악
> 의 뿌리가 되나니 이것을 탐내는 자
> 들은 미혹을 받아 믿음에서 떠나 많
> 은 근심으로써 자기를 찔렀도다

제104문   넷째 간구에서 우리는 무엇을 위하여 기도합니까?

답

- "오늘 우리에게 일용할 양식을 주시옵고"라는
  넷째 간구에서 우리는
  하나님의 값없이 주시는 선물로서
  이생의 좋은 것들 가운데서 충분한 분깃을 우리가 받고,
  그와 아울러 우리가 하나님의 복을 즐거워 할 것을 기도합니다.

오늘 공부를 통해 새롭게 알게 된 것은 무엇입니까?

오늘 공부를 통해 새롭게 결단한 것은 무엇입니까?

서로의 기도 제목을 나누어 봅시다.

제64과
주기도문의 다섯째 간구 (제105문)

1. 주기도문의 다섯째 간구는 무엇을 위한 기도입니까?

> 마 6:12 우리가 우리에게 죄 지은 자를 사하여 준
> 것 같이 우리 죄를 사하여 주시옵고

2. 왜 우리는 하나님께 죄 용서를 구합니까?

> 시 51:1 하나님이여 주의 인자를 따라 내게 은혜
> 를 베푸시며 주의 많은 긍휼을 따라 내
> 죄악을 지워 주소서

3. 왜 하나님은 우리에게 자비를 베푸십니까?

> 엡 1:7 우리는 그리스도 안에서 그의 은혜의 풍성
> 함을 따라 그의 피로 말미암아 속량 곧 죄
> 사함을 받았느니라

4. 우리가 죄 용서를 구하도록 용기를 주는 일은 무엇입니까?

> 마 6:14-15 너희가 사람의 잘못을 용서하면 너희
> 하늘 아버지께서도 너희 잘못을 용서
> 하시려니와 너희가 사람의 잘못을 용
> 서하지 아니하면 너희 아버지께서도
> 너희 잘못을 용서하지 아니하시리라

제105문	넷째 간구에서 우리는 무엇을 위하여 기도합니까?

| 답 | • "우리가 우리에게 죄 지은 자를 사하여 준 것 같이
우리 죄를 사하여 주시옵고"라는
다섯째 간구에서 우리는
하나님께서 그리스도를 보시고
우리의 모든 죄를 값없이 용서하여 주시기를 기도합니다.
우리가 이렇게 담대히 기도할 수 있는 것은
우리가 하나님의 은혜로 말미암아
다른 사람들을 진심으로 용서할 수 있게 되었기 때문입니다. |

오늘 공부를 통해 새롭게 알게 된 것은 무엇입니까?

함께 도전하기

오늘 공부를 통해 새롭게 결단한 것은 무엇입니까?

함께 기도하기

서로의 기도 제목을 나누어 봅시다.

제65과
주기도문의 여섯째 간구 (제106문)

1. 주기도문의 여섯째 간구는 무엇을 위한 기도입니까?

> 마 6:13 우리를 시험에 들게 하지 마시옵고 다만
> 악에서 구하시옵소서

2. 왜 우리는 시험에 들지 않기를 기도해야 합니까?

> 마 26:41 시험에 들지 않게 깨어 기도하라 마음에
> 는 원이로되 육신이 약하도다 하시고

3. 시험에 들지 않도록 어떻게 기도해야 합니까?

> 시 51:10 하나님이여 내 속에 정한 마음을 창조
> 하시고 내 안에 정직한 영을 새롭게 하
> 소서

눅 22:31-32 시몬아, 시몬아, 보라 사탄이 너희를 밀 까부르듯 하려고 요구하였으나 그러나 내가 너를 위하여 네 믿음이 떨어지지 않기를 기도하였노니 너는 돌이킨 후에 네 형제를 굳게 하라

고전 10:13 사람이 감당할 시험 밖에는 너희가 당한 것이 없나니 오직 하나님은 미쁘사 너희가 감당하지 못할 시험 당함을 허락하지 아니하시고 시험 당할 즈음에 또한 피할 길을 내사 너희로 능히 감당하게 하시느니라

제106문   여섯째 간구에서 우리는 무엇을 위하여 기도합니까?

답

- "우리를 시험에 들게 하지 마시옵고 다만 악에서 구하시옵소서"라는
  여섯째 간구에서 우리는
  우리가 죄에 빠지지 않게 하나님께서 우리를 지켜주시고,
  우리가 시험을 당할 때에는
  우리를 도와주시고 구원하여 주시기를 기도합니다.

함께 나누기

오늘 공부를 통해 새롭게 알게 된 것은 무엇입니까?

함께 도전하기

오늘 공부를 통해 새롭게 결단한 것은 무엇입니까?

함께 기도하기

서로의 기도 제목을 나누어 봅시다.

제66과
주기도문의 결론 (제107문)

1. 주기도문의 결론은 무엇입니까?

> 마 6:13 나라와 권세와 영광이 아버지께 영원히
> 있사옵나이다 아멘

2. 나라가 의미하는 것은 무엇입니까?

> 시 22:28 나라는 여호와의 것이요 여호와는 모든
> 나라의 주재심이로다

3. 권세가 의미하는 것은 무엇입니까?

> 엡 1:19 그의 힘의 위력으로 역사하심을 따라 믿
> 는 우리에게 베푸신 능력의 지극히 크심
> 이 어떠한 것을 너희로 알게 하시기를 구
> 하노라

4. 영광이 의미하는 것은 무엇입니까?

> 롬 11:36 이는 만물이 주에게서 나오고 주로 말미
> 암고 주에게로 돌아감이라 그에게 영광
> 이 세세에 있을지어다 아멘

5. 아멘이 의미하는 것은 무엇입니까?

> 고후 1:20 하나님의 약속은 얼마든지 그리스도
> 안에서 예가 되니 그런즉 그로 말미암
> 아 우리가 아멘 하여 하나님께 영광을
> 돌리게 되느니라

제107문	주기도문의 결론은 우리에게 무엇을 가르칩니까?

답

- "나라와 권세와 영광이 아버지께 영원히 있사옵나이다 아멘"
  이라는 주기도문의 결론은
  우리로 하여금 기도할 용기를
  오직 하나님께로부터 얻을 것과,
  나라와 권세와 영광을 하나님께 돌림으로써
  기도할 때에 하나님을 찬송할 것을 가르칩니다.
  그리고 우리의 소원과 기도 응답의 확신에 대한 표시로서
  우리는 "아멘"이라고 합니다.

오늘 공부를 통해 새롭게 알게 된 것은 무엇입니까?

함께 도전하기

오늘 공부를 통해 새롭게 결단한 것은 무엇입니까?

함께 기도하기

서로의 기도 제목을 나누어 봅시다.